変革の流儀

NRI流
信頼によるマネジメント

野村総合研究所 取締役
板野 泰之
Hiroshi Itano

東洋経済新報社

まえがき　著者の進めた「変革」について

株式会社野村総合研究所 取締役会長　嶋本 正

野村総合研究所（ＮＲＩ）の経営の一翼を担ってきた著者の板野泰之による「変革」を目の当たりにして、その「流儀」に関する私なりの解釈をご紹介することで、まえがきに代えたい。

最近、大手企業における不正会計処理、製造業での品質問題、そして厳しい労務環境による社員の健康被害など、企業経営を大きく揺るがす事件の発生があとを絶たない。どうして、そのようなことが発生するのか、経営に携わる者としてみずからに問いかける機会が増している。意図して問題を起こそうとする経営者などいないはずで、通常は、トップとして企業のあるべき姿やそれを実現する施策を考え、役員や社員にも伝えてきたものと思われる。それにもかかわらず、このような問題が発生してしまうのは、知らず知らずのうちに組織にほころびが生じ、それが徐々に大きく拡がり、結果として深刻な事態にいたったのではなかろうか。

組織のほころびを素早く検知し、早め早めに手を打つことこそが経営の責務の一つである。現場の一挙一動を注視し、何か「おかしなこと」が起こっていないか、経営者はそれを直接的または間接的に把握して、なんらかの兆候に気づいた場合には、その原因や背景を洞察し、もし、ほころびが見つかったなら、速やかになんらかの手を打つことが求められる。

たとえば、良い情報だけを報告して、都合の悪い情報の報告をためらっていないか、上司の無理筋の指示に反発することもなく服従してしまってはいないか、会社の規則を楯に新たなチャレンジや変革を回避していないかなどが、ほころびの兆候の判断材料である。

常に企業のミクロな動きにも目をやり、（正しいはずの）経営方針が実践されていることを確認し続ける企業風土が求められる時代になってきていると感じる。

現在、私が取締役会長を務めるＮＲＩは、これまで役員・社員の真摯な取り組みを得て、各種の変革を進めることができており、「少し硬くて地味だが、まじめで誠実な企業」であることに胸を張れるのではないかと感じている。

２０１３年度には「誠実な企業」賞の最優秀賞を受賞し、２０１７年度には「コーポレートガバナンス・オブ・ザ・イヤー」の東京都知事賞を受賞するなど、各方面からも一定の評価を得ている。

著者の板野は、私とともにＮＲＩの経営を担ってきた一員である。一見、厳しく強引な手法で組織や部下を律し、傍から見ると、これでは部下たちがついてこないのではないかと思われるようなこともあった。

たとえば、10年ほど前、板野が本部長をしていた組織で、20時以降の業務禁止令を出したことがあった。そうはいわれても、仕事の締切りが迫っていたり、やむを得ない顧客対応をせざるを得ないまじめな社員らはそんな声をやりすごし、遅くまで働く行動に出た。それに対して、本人は20時になると部屋の電気をすべて消すように指示し、みずからスイッチを切りはじめ、社員を追いだすように退社させた。なんと強引なことをするのかと思われたが、その後しばらくして、当本部の夜間の勤務時間は激減し、一方、本部の業績や社員の健康状態は逆に改善した。

社員がついてこられないようなやり方にも見受けられるが、その裏では、板野本人が客先まで出向いて夜間の打ち合わせをやめることを提案したり、また、社員らにも健康の大切さやどう生産性を上げるのかをていねいに具体的に伝えたりすることで、成果につなげた。

トップや経営を担う者が、掛け声だけを上げて、あとは現場に任せきりにし、責任をも押しつけようとしたのなら、このようには事がうまく運ばなかっただろう。本人みずから行動し、現場と語り合うことで、その思いが伝わり、実践に結びつけることができたのである。

それを可能にしたのは、著者の人間味と社員らとの不断のコミュニケーションがあったからこそであり、社員らもただ面従腹背の態度をとるのではなく、反論すべきは反論し、納得したうえで、期待に沿う動きをしたのであろう。

当時、彼らの上司であった私は、先行きを心配しながら様子を見守っていたが、実際の現場の一挙一動には、何か「おかしなこと」が起こり、ほころびが見え隠れする様子はなかった。

この例に限らず、著者はいくつか強引とも見える変革を進めてきたが、常に、人間味とコミュニケーションを大事にし続けて、その変革を成功裏に成し遂げることができた。詳しくは本書を読み進めていただきたい。

変革はトップや経営者がリーダーとなって推進するものであるが、それが現場に浸透するのはきわめてむずかしい。いくらていねいに趣旨を伝えても、なかなか実践に結びつかず、一方、強引に進めれば、「仏つくって魂入れず」の状態になってしまう。変革をどのように進めれば成果に直結するのかは、経営にとって永遠のテーマといえよう。

本書は、その変革を、現場を巻き込みながら実践してきた経営者による「変革の流儀」を紹介したものである。企業に勤める方、経営者の方、そして、いろいろな組織で改革を進めようとしている方々に参考になるものと期待している。

２０１８年６月

目次

第１章

第2章

1段上のステージに上がる！上司と部下が変革を求めた理由と背景

第3章

GOALとSTEP “両輪”で進める組織の「働き方イノベーション」 …… 75

第4章

全社に働き方イノベーションを！
そのとき上司と部下は何を学んだか……157

第5章

第1章

成長する組織の現場では何が起きているのか

社員もマネージャー層も〝個〟で突き進む状態だった

成長する組織の現場の実態はどのようなものか。とくに、まだ大きいとはいえない状態の組織で、しかも、着実に業績を伸ばしつつある企業の実態である。

それは、一言でいうと、社員の個の力が強く、組織全体として、明確な指揮系統のもとに会社を成長させているとはいいがたい状態にある組織かもしれない。いわば勢いで伸びている組織である。そうした組織の姿をまず点描しておこう。野村総合研究所（ＮＲＩ）の前身である野村コンピュータシステム（ＮＣＣ）も、まさにそのような企業であった。

体系だった指導をする前に、仕事がやってくる

成長する組織の現場では、ベテラン・新人にかかわらず、次々と仕事がやってくるとい

う特徴がある。

宮大工の棟梁の集団、個人商店の店主の集合体、全員が４番バッターの野球チーム、一人親方の集まり……。私の入社した１９８０年当時のＮＣＣは、そんな雰囲気に包まれていた。

腕の立つ親方と、その背中を見て育つ新米の職人たち。ＮＣＣの新入社員は、まさに、どのような仕事をしていくかも具体的には良くわからないまま勤めはじめる〝丁稚奉公〟の趣もあり、徒弟制度のなかで育っていったともいえる。

いま振り返って思えば、当時は従業員５００人ほどの小さな会社だった。それでも、上司と部下、同僚が切磋琢磨する組織である。丁稚奉公とはいっても、小さな仕事から、いろいろなことを自分で実践できる雰囲気もあった。それを「若い頃からなんでも任せてもらえる会社」ということもできた。

組織である以上、上からの指示がある。しかし、体系だった指導などというものはほとんどなかった。社員全員が忙しく突っ走っている状態だった。指示といっても、

「おい板野、この仕事、いつまでにできる？」

程度の一言二言である。

ところが、部下は部下なりに前向きだから、

「そうですね。3か月くらいはかかりそうですが、がんばって早めに仕上げます！」

と、意気込んで見せる。その意気込みを察した上司は、

「お客さんも早く仕上げてほしいといっているし、な。1か月で仕上げろよ」

もちろん、仕事の内容や難易度はさまざまだったが、どのような仕事でも、指導や育成は似たようなものだった。新人は「俺に着いてこい。しっかりやれ」という上司の言葉に奮起して、がんばっていたのが実情だ。

その結果、部下・若手は徹夜の突貫工事になることもよくあった。そうした毎日が続けば、「無茶苦茶だ」と思ったこともあったが、それでも、普通の2倍、3倍働けば、なんとかなるのが当時の仕事ぶりだった。

なんとか納期に間に合わせると、ほっとしている間もなく次の仕事がやってくる。上から下まで、全員で馬車馬のように走り続ければ、なんとかなる、「なんとかするぞ！」と自分にいい聞かせ、自分を奮い立たせて働き続ける、そんな会社だった。

「できる人材」がトッププレーヤーのままマネージャーに

全員が個の力で仕事を推し進めていく組織では、一般社員が個で推し進める体質のまま部長や課長になっていくケースもある。それは悪いことではない。たしかに、そういったマネージャーの「現場力」が日本の企業・組織を支えていたからだ。ただ、いまは「それだけで良いのか」と思わないでもない。

オフィスの雰囲気を理解していただくためにも、当時の上司の思い出を一つ紹介しておきたい。

私が新人の頃の上司はものすごく怖い上司だった。毎日何回となく机をバンバンと叩いては、部下を怒鳴って指示を出していた。パワハラなんて言葉はまったくない時代である。きっと、多くの会社で一人くらいは〝瞬間湯沸かし器〟といわれる部長や課長がいたはずだ。私の上司もそうした一人だった。

あるとき、怒鳴って机に振り下ろしたそろばんが砕け、珠が飛び散ってきた。そのときには私も他の新人も、先輩たちも驚いたものだ。ひょっとすると、「また、はじまったか」

と思う先輩がいたかもしれないが……。

とても怖い上司だったが、やさしい一面もあった。根は人間味あふれるやさしい人物だった。夜になると、「おい板野！　飲みにでも行くか？」とよく誘ってもらった。忙しい時期は、軽く飲んだあとに上司の家に誘われるままに上がり込んで、教わりながら仕事の続きをしたこともあった。

そのようなことを全体として捉えれば、「ぶっきらぼうではあるが、かわいがってくれた上司」ということだろう。そして、部下を怒鳴り散らしていても、かわいがっていても、常に「お客さまのために」という気持ちを忘れない人だった。何がどうなっても、お客さまが喜んでくれることが大事だ、という考えをもっていた。

昔話になってしまったが、私が組織でのコミュニケーションのあり方、またマネジメントについて学んだのは、何より、その上司からだったように思う。

部下の有能さを信じることは重要だが……

いつ、どんな仕事だったか詳細には覚えていないが、次の言葉だけはいまも鮮明に覚えている。

「あなたには申し訳ないが、私は板野のいうことを信用する」

お客さまの前で、上司がお客さまにいってくれた一言。上司との部下との間には徒弟制度のような厳しさがあったが、と同時に、圧倒的な信頼感によって仕事を進めていた一例として紹介しておきたい。

システム開発の受託で瑕疵ともいえるようなミスの確認のため、私と課長の二人で顧客の会社に訪問したことがあった。私とそのお客さまの取締役は互いにそれぞれの〝いい分〟を出し合い、話は煮詰まったような状態になった。

そのとき、上司である課長は、相手の取締役にこういってくれた。

「申し訳ないが、私は板野のいうことを信用する」

いま思いだしても、涙が出るくらいうれしい一言だった。きっと、そのとき上司は「誰が悪いか指摘し確認しあっただけでは、そこからは何も生まれない。互いにリスクを取り合い、より建設的に解決策を見いだしていくべきではないか」ということをお客さまに伝えたかったのではないだろうか。職人気質の上司は、ことの経緯をていねいに説明するのが苦手なもの。それでも上司は優秀な企業人であるから、常に次の一手を踏みだす術を忘れてはいない。その気持ちが交錯するなかで、出てきた言葉だと思う。そして、「互いにリスクを取り合いながら、より建設的に解決策を見いだしていくべき」という仕事のやり方は、以後の私の仕事のやり方にも大きな礎となった。

しかし、当時の私は、そういう上司の思いを深く理解する余裕はなかった。しゃにむに働き、無茶苦茶に働かせられたが、そんな徒弟制度のような一面もあるなかで、職人気質の上司にかわいがって育ててもらっていたエピソードとしてご理解いただきたい。

もう一つ、私が若い頃の当社の〝仕事風景〟を点描しておきたい。

たしか私が課長になる前、金融・公共システム部門で主任を任されていた頃のことだと記憶している。ある団体の年金に関するシステムを構築していたときのことだ。私は、部下に仕事のほとんどを任せていた。

「こういうシステムをつくろうと思っています」

部下のいうシステムの構成を詳細に見ていくと、どうも〝うまくない〟と直感的に感じた。いまとなっては、どこがどう、と詳細に示すことはできないが、システム構成の一部に齟齬というか飛躍があるように思えたのだ。

「これで本当に大丈夫か？」

「大丈夫です。イケます！」

部下はそう答えてくれたものの、私としては一抹の不安が残った。そこで１か月ほど、開発の様子を見守ることにした。

そして１か月後、私の予想は的中し、そのシステム構成では、必ずトラブルが発生する不具合があることがわかった。「大丈夫！」と見得を切っていた部下も、ほぼでき上がりに近い状態での不具合の発生に、しょげ返り、徒労感をにじませていた。

納期までは、あと１か月を切ろうという時期。私は、

「一からやり直しだ！」

と号令をかけ、部署の全員とパートナー企業からの常駐社員にも協力を仰ぎ、徹夜続きで納期に間に合わせた。強引と思われるかもしれないが、部下はもちろん先輩・上司も、さらにパートナー企業も文句もいわず付き合ってくれた。

主任とはいえ、上司が失敗を恐れて、〝転ばぬ先の杖〟のように、先回りして対処をしていくようではいけない。それでは部下は育たない。リカバリーが利く範囲で失敗することも大切だ。しかし、そのとき上司は、リカバリーが利いたとしても、必ず他のプロジェ

クトに支障をきたす可能性があることを考慮し、また覚悟しなければならない。

どんな状況にあっても、仕事はやり通すことに意義があり、そのことに価値がある。ただ、部下に任せるとき、「彼ならやってくれる」と性善説だけに立つと、思わぬところで足もとをすくわれかねない。その責任は任せた側にある。その怖さも感じた。

主任といえばまだまだ若く、自分も先輩や上司である部長や課長に教わりながら仕事をしていく立場だ。だが、一方で若手を指導していかなければならない立場でもある。そのとき、性善説に立つだけではいけないということを、身をもって知った。

きっと、私の上司も同じような目線で私たち部下を見ていたのだと思う。「怪しい」と思うことがあっても人を信じていく大切さ、むずかしさを学んだ。

組織である前に、まず〝できる個〟が成果を上げる

成長する組織では、その組織の成長よりも速く優秀な個々の社員が成果を上げていくケースもある。成長する社員に組織が引っ張られ、牽引されているような状況である。そういう社員が多ければ多いほど、社員はもちろん組織も〝自走的〟に成長していく。まさに、それが現場力のある組織ということもできる。

組織の成長より「できる人材」の成長のスピードが速い

入社して2年ほど経った頃のことだ。システムの受託開発はプロジェクトごとに数人のチームを組んで動くということもあり、私はプロジェクト・マネージャーという役割を担うこととなった。

「板野！　今度のプロジェクトから、お前がプロジェクト・マネージャーをやれ」

まだ小さな会社だったから、社内には、若い頃からどんどん仕事を任せていく気運があった。だから私に限った話ではなく、仕事を任せる体質だったのである。

そんなとき、こんな会話も平気で交わしていた。

「ところでお前、マネージャーをやるとき、上（上司）が欲しい？　下（部下）が欲しい？」

そう確認する上司に対して、

「上なんか要りませんよ！」

と、冗談交じりに粋がって答えていたのである。

いま思えば、鼻柱の強い若造の物言いに聞こえるが、そんなことをいい放っても、笑ってやりすごせる雰囲気が社内にあった。

ただ、本当は笑ってすごせるといっても、なんでも和気藹々としているムードでもなかった。社員全員が他の社員の仕事にじっくり関わっている状態ではなかったのかもしれない。全員が宮大工の棟梁のような存在で、上司は部下の仕事ぶりをそれなりに気にかける面もあり、個人個人の関係は良好だったものの、それは組織と呼べるような状況ではなかったからだ。

少なくとも、私たち若手は組織としてどう取り組んで行くべきかと考えるような余裕はなかった。先輩や上司が何をやっているか、どう考えているかを十分に気にする余裕はなく、目の前の仕事に集中し、終わったら、また次の仕事に集中せざるを得ない状態だった。全員が一人ひとり自分の仕事に集中し、邁進する組織。それだけに、当時の社員の生産性は格段に高かったと思う。案件の内容や規模は大小さまざまだが、私は３人ほどの小さなチームで、３年間で２０００本くらいをリリース（納品）した。年間にすると約７００本、１日に換算すると、２本。「そんなこと、できるわけがない」と思うかもしれないが、たしかにやっていたのだ。

その原動力の一つに、「きっと、やり続けたその先に、自分も会社も別のステージがある」という考え方もあったのかもしれない。「いまは目の前の仕事すなわち量をこなすことが大事だ。そういう時期だ。そうすれば、きっとそれは、組織のスキルとなって活きてくる。それにともなって当社の仕事のやり方も変わっていくはずだ」と考えていた。

社外人材・パートナー企業との協業も、属人的になる

成長する組織では、内部人材だけでは仕事を回しきれず、外部の人材と協業するケースがある。システム設計や開発の仕事では、その人材をパートナーと呼ぶ企業に求めていた。システム開発などの面で優秀なスキルをもった人材やその人材の属する企業に協力を求めていたのである。

パートナー企業と二人三脚で互いの成長をめざした

1980年代の前半頃のことだ。システムを受託開発する、いわゆるシステム設計の他の同業者も似たような状況にあったかもしれないが、当時は当社でも多くの社員が月間100時間レベルの残業になっていた。込み入った仕事になると、人によっては200時

間レベルの残業になるケースもあったように思う。

下世話な話だが、NCCは残業時間を正確にカウントして月の残業代を全額を支払うシステムになっていて、基本給を優に超える額を実際に支払っていた。

仕事はやろうと思えばいくらでもあった。大変だったことは事実だが、そこに、やりがいも感じていた。

社外との商談・打合せも、いまなら地道に上司が指導しながら数年間かけて進めていくが、当時は入社2年目、3年目ともなると、それこそ会社を代表するような面持ちで商談・打合せに向かった。金額的にも大きな額を扱う商談を普通にこなしていた。

そして、いまにして思えば、本当に上司にかわいがってもらっていたのだと思う。いくらでも仕事があるから、「どんどん任せよう!」という気概にあふれていた。

上司にずいぶん助けてもらったが、それに負けないくらいパートナー企業のベテラン社員の皆さんにはお世話になった。通常、システム開発の受託業務を行う場合、数名でチームになり、そのチームには社員数人のほかにパートナー企業の専門家1~2名が常駐して一緒に仕事を進めることが多かった。そのベテランの方からシステム開発のイロハを私たちは教わり、また、システムの仕様決めなどの指導を受けた。

入社して3年くらい経つと、今度は私たちがパートナー企業の若手を指導するようなこともあった。同業種の多くの企業に似たようなところがあっただろうが、私たちとパートナー企業は二人三脚で、指導・教育し合いながらジグザグの階段を駆け上っていった……、そのような仕事のしかた++だったのだ。

ただし、いま思えば、その依頼のしかたには工夫が足りなかったのも事実だ。多分に属人的であったのである。優秀でウマが合うパートナー企業やその人材に、組織としてよりむしろ課長やプロジェクト・マネージャーの判断で直接依頼する面があったのだ。二人三脚で成長をめざしたのは事実だが、組織として対応していなかった面があることも否めない。一言でいうと、属人的な発注であったのである。

仕事ができ上がれば何もいわれない。それで、本当に良いのか

仕事ができ上がれば、褒められこそすれ何もいわれない。上司の「よくがんばった」の一言がある程度で、次の仕事がやってくる。そして、その仕事に邁進する。それはどんな企業でも成長の過程ではあるべきことだが、果たしてそれでいいのか、という疑問もないわけではない。

もっと、組織としての成長はどうあるべきか、ということをじっくり考えてもいいのではないか。そういう思いにとらわれることがあったことも事実だ。

性急さが効率のダウンを招く。だから、全員に本質が見えるまで任せない

私が主任の頃のことだ。社員が４名、パートナー企業のリーダーが10名ほどの、中規模

のシステム設計・開発のプロジェクトを進めたことがあった。

そうした仕事の初期段階のシステムの開発部分では、才気走っているからだろうか、あるいはスケジュール重視の気持ちが強いからかもしれないが、若手はとかく仕事を急ぎがちになることがあった。

「早く開発に入らないと、納期に間に合いません！」

「とにかく先に進めてみて、一度、システムを動かしてみないと……」

若手を中心に、そんな会話がプロジェクト会議でも交わされるものだ。

しかし、プロジェクトマネージャーであった私は、できるだけ開発の着手は遅らせ（というよりも、しっかりと見極め）、確実にGOサインが出せる状態になってから一気呵成に取り組むスタイルをとるようにしていた。それまではメンバーの全員が試行錯誤を繰り返すわけだ。

早期に着手すれば早期に答えが出て、修正点も見えてくる。そのなかで、学ぶことも多いだろう。

それはたしかに一理ある。それなのに、なぜ、そうはしなかったのか。前述のように、部下を見るとき、性善説だけでなく、性悪説で見ることも必要という点も加味すれば、早期に進めるほど、〝手戻り（rework）〟も増え、効率的ではない（生産性を落としてしまう）可能性が高まるからだ。

私自身、何年もシステムの受託開発をやっていると、手戻りが実に徒労感を生むことはわかっていた。まるで、〝回し車〟のなかで必死にもがいているように感じることもないわけではない。

「仕事をループさせない」といういい方もあるが、そのことの重要性を日頃から感じていたのである。

ならば、どうすれば良いか。メンバーの全員がリーダーと同じ判断ができるような状態になってから、取り組むのである。私がリーダーの場合は、「全員が私と同じ判断ができるようになるまで、開発に入ることは認めない。それまではコミュニケーションを重ね、本質にたどり着くまで考え抜こう」ということを強く訴えた。

各自が「自分の型」をつくりはじめる

ことを急くのではなく、考え抜くことができるようになれば、システム開発の場合は、それぞれのシステムの核心部分、本質がわかり、それを共有することもできる。そのためのコミュニケーションも活発になる。全員が一つの正しい判断ができる段階で一挙に仕上げていくので、仕事のロスも減り、生産性も高まる。

この、「ループさせない、コミュニケーションを高める、考え抜いて本質を捉える、そのことによって生産性を高める」ということは、その後、30年ほど、ＮＲＩで仕事をしてきた私自身の〝哲学〟のようなものであった。

しかしそれはプロジェクトマネージャーである私の考え方、いわば〝型〟であって、きっと別の社員、課長は別の考え方、別の仕事の〝型〟をもっていただろうと思う。すなわち、現場にはそれぞれの社員の強い「仕事の型」はあったかもしれないが、それが組織として筋の通った仕事のやり方、しくみにはなっていなかったということでもある。

自分では筋が通っているとは思っていても、それはまったく我流の通用する職場でもある。それぞれの社員が、それぞれのやり方を貫く。そんな雰囲気もあった。だから、それぞれの仕事のやり方が認められたともいえる。

そして、それは大きな視座から捉えると、当社が非上場だったからこそ許されていたことかもしれない。

当社が東証一部に上場したのは、２００1年のことだ。上場以前は他の大手の上場会社の系統だった仕事のやり方を見聞きするにつけ、「ずいぶんと違うものだ。私たちは野武士のようなものかもしれない」と率直に思ったものだ。

上場会社のやり方に憧れるつもりはなかったが、やはり〝違い〟は明らかだった。先行する大手・上場の企業に比べると、当時のＮＲＩはやはり無手勝流の職人集団だったのである。

エルゴノミクスはどこ吹く風
「効率と創造」とは、ほど遠い職場環境

「エルゴノミクス」という言葉がある。第3章で後述するので、その言葉だけをここで紹介しておこう。一言でいうと、「人間工学」。人間工学にもとづいた物や環境の最適なデザイン、また、その環境デザインにもとづいて、人々が正しく効率的に動けるように、かつ事故やミスを可能な限り少なくするための研究のことをいう。

私がその言葉、研究とその成果を知ったのは、入社してだいぶ経った頃だった。1980年代、90年代の社内は、エルゴノミクスの「エ」の字もないような環境であり、そのことにたいした違和感も覚えない状態だった。

雑然としたオフィス、デスク回りの功罪

私の入社当時、またＮＣＣからＮＲＩへと社名を変更し、業容の拡大と充実を図ってきた当時のオフィスの状態は……、読者の皆さんがお察しのとおり、およそエルゴノミクスとは縁遠いものだった。怒られるかもしれないが、古い体質のままの新聞社や出版社のオフィスといって良いだろうか。デスクの上には書類を横にして積み上げ、椅子の後ろには段ボールが並び、日によっては、そこに寝袋が押し込まれていた。

私はもともとそのような状況はあまり好ましく思っていなかったこともあって、少しは整頓していたつもりだったが、残業続きの毎日ではそんなこともいってはいられない。結局、書類を机の周囲に山積みにしては年に1回、ドサッと処分する――、そのような状態だったのである。

システム設計の受託開発といえばＩＴ環境の整ったオフィスのように思うかもしれないが、当時のコンピュータは今日とは比べものにならないくらい貧弱なものである。加えて、社員全員にきちんとパソコンが配備されているという時代でもない。コンピュータに関わる仕事といっても、現実は紙の書類の山である。しかも、つくったシステムを検証するとなると、データセンターに作成したシステムを移し、動作状況を確認・検証してもらわなくてはならないような状態だった。

会議室に置かれたホワイトボードも、書き慣れた社員がシステムの構成などを図示したり、設計のポイントなどを書いて示していくが、すぐに真っ黒になっていく。それを消さぬまま出て行くと、次の会議に出る若手社員がせっせと消してから会議がはじまる。その繰り返しだった。

一言でいうと、雑然としたオフィス。そこには社員一人ひとりにとっては「そのほうが仕事がしやすい」という功はあったかもしれないが、組織としては、それぞれの仕事がいわゆる〝ブラックボックス化〟する面も否めない。もし、そのオフィスから効率の良い仕事、創造的な仕事が生まれたとしても、それは社員個人の成果であって組織の成果とはいいがたい。

成長する組織の現場では何が起きているか。その答えは、「たしかに社員は成長しているかもしれないが、それをもって組織が成長しているとはいえない場合がある」ということなのかもしれない。

いい換えると、組織の成長は、「個人の成長とは異なる次元、場面・方向性があるのではないか。優秀な個人によって会社が成長し、業績を伸ばしていけば、それで組織は成長し、成熟したといえるのか」ということだ。

なお、当時のオフィスの状況を社員に聞いてみたので、少し長くなるが、ここで紹介しておこう。

若い頃は、上司の帰納的な思考に引きずり回された⁉

入社当時は、何本も掛け持ちでプロジェクトを動かしていくチームのメンバーの仕事ぶりに圧倒された。当時はそうした上司や先輩に着いていくだけで精一杯という状態だった。皆、「ホント、この働き方、どうなっているんだ？　この先も続くのか……」と思いながらもしゃにむに仕事を進めるが、自分が深い谷底にいるような気持ちもあり、それでも若いなりに〝沈むわけにはいかない〟ともがき、本当にダメだと思う間際で不思議と浮かび上がるか、誰かに引き揚げてもらうか――、そんな働き方の時代だった。

私に限らず、皆同じような状況だった。おかげで、トラブルの〝臭い〟は嗅ぎ分けられるようになったと思う。どんなシステムを見ても、どこで問題が起きそうか、はなんとなくわかる。だからこそ、こうやればうまくいく、ということも理解できるようになった。

上司から学んだことの一つに、「お客さまがいるから、がんばれる」ということがある。

誰もやりたがらないシステム設計が私に回ってきたことがあった。そのとき、厳しいお客さまの要望を受け続け、ヘトヘトになって成果物をリリースしたとき、そのお客さまから、「ありがとう。良いコンサルティングをしてくれた」

と、表彰状をもらったことがあった。「お客さまがいるから、がんばれる」という言葉をそのとき実感した。私たちは、そういうお客さまに育てられていたのだ、と。

システムの設計は、小さな間違いをなくしていくため、一般的な前提があって、そこから個別的な結論を得たり検証したりしていく演繹的な思考で取り組む面がある。

その点、当時の上司は、どちらかというと、帰納的にものごとを考えていた。個別的な事柄を踏まえ、一般的な規則・原則・結論を見出そうとするようなところがあった。

ところが、帰納的に得られた結論はわかりやすいけれど、絶対に正しいとはいいきれないところもある。そうした思考法で正解を導くためにも、コミュニケーションが重要だという考え方になっていく。

このとき、上司の思考のあり方を理解できないまま、演繹的に事情説明から入って、個別の結論を確認するタイプの人は困ってしまうかもしれない。きっと、困ったことが起きても、相談しに行かなかったかもしれない。

第2章

1段上のステージに上がる！上司と部下が変革を求めた理由と背景

人員増のなかで生産性を維持するには時間がかかる

なぜ、ＮＲＩは働き方の変革を進めたのか。一言で述べると、「組織として、個が強い状態のままの状態で突っ走っていくという選択肢はなかった」からだ。個人としての成長を求めることは重要だが、より組織としての成長・成熟を求めたことが、変革を進めた背景にはある。

たしかにＮＣＣ時代、私が入社した当時の人員のまま組織を維持していたのであれば、少なくともそのときの生産性は維持できる。そのときの個が成長していくのだから、より生産性を高めることもできるだろう。

しかし、個の生産性が高まっただけでは、組織が成長したことにはならない。いつか、きっと個の成長、生産性の向上にも限界が訪れることを否定はできない。

たとえば、そのときの人員のまま加齢していくときを考えていただきたい。社員の平均年齢が30歳の会社があったとして、同じ人員のまま平均年齢が50歳になれば、どうしても業務効率は落ち、生産性は落ちるものである。

また、たとえば、人員が増え、組織が大きくなり、従来とは質の異なる、まったく未経験な仕事が増えたらどうなるだろうか。きっと同じような生産性は維持できないはずだ。単純に考えて、まったく未経験なことには慣れるまでに時間がかかるものだ。

成長する組織で生産性を高めるということ

ＮＣＣは、その後合併によってＮＲＩとなり、２００1年に上場するまでに成長した。人員は増え、それにともなって組織体勢も変更したのだから、現場における仕事のやり方が変わったことはいくつもある。だが、働く者の実感からいえば、社名変更の前後も上場の前後も、「仕事が増え、それに応じて人員が増え、業容が大きくなり、業績も上がっていく職場」のままだった。

ただ、その状態にあるとき、増えた人員を含めた全員が一定のレベルを保ち、同じレベルの生産性を維持できるようになるには、どうしても時間がかかる。

単純に考えて、10の生産性であった組織が、人員を増やしつつ10の生産性を落とさず保ち続けるというのは無理がある。いったんは8の生産性まで落ちかけたようになったとしても、それを10の生産性にもっていくには、育成に時間をかけるか、誰か優秀な個が12に生産性で対応しなければならない。

その状況のなかで、私は安易に時間をかけることに不安を感じた。いったんは落ちかけた生産性のレベルを上げていく時間に、私だけでなく、上司も先輩も、後輩も少なからず不安を覚えつつ仕事を行い、また、若手を指導していた。

結局、時間をかける不安を拭うかのように、ベテランを中心にして人海戦術で働き続けたのである。

しかし、それにも限界があった。少数精鋭であれば、少ない人員で正しい判断を行い、突き進むこともできる。しかし、組織というものは限られた精鋭が続けるだけではいけない。その人材が次の人材を育てられるようなしくみをつくっていく必要がある。多人数で正しい判断のもと突き進むのに比べれば、少数精鋭はどうしても組織力の面でパワーが落ちるのは自明のことだ。

当たり前のことかもしれないが、組織においては人材の育成がなければ生産性は向上しない。このことを私は入社して5年、10年の間に、身をもって感じていた。

それぞれの社員がそれこそ〝宮大工の棟梁〟でがんばっていけるうちは良いかもしれない。だが、組織であり、その組織が大きくなっていく以上、人材の育成は本来まず第一に取り組むべき最重要の課題なのである。

人材の育成で欠かせない仮説と検証

会社に入ってしばらくすると、誰もが「良い仕事ってどんな仕事だろう?」と考えるものだ。楽して儲かるのが良い仕事? 自分に何かしらの閃き、気づき、教訓や学びを与えてくれるのが良い仕事? とにかく波がなく安定的に続けられるのが良い仕事? どれも間違いではないだろう。皆、自分なりに「良い仕事」がしたいと思って働き続けるのである。

その仕事の本質を見極める

私が思う良い仕事とは、「本質を見極められる仕事」である。規模や内容にかかわらず、どんな仕事でも、「その仕事の本質は何か」ということを見極めることができれば、それは自分にとって、またプロジェクトチームのメンバーにとって、さらに課や部といった部署、部門や会社といった組織全体にとっても良い仕事なのだろうと思う。

ひょっとすると、とても取るに足りないこと、他愛もないことに、その仕事の本質が見つかる場合もある。それでも、その仕事をバカにしてはならない。何より、それがわかったことで、たとえば、ニーズに応じてその仕事を〝横展開〟し、シェアを高める方法もあるのだ。そう考えれば、むしろ、いくらやっても本質をつかめないような仕事のほうが、それで収益を上げるという面では、大変なこと、続けていくことがつらいことなのかもしれない。

では、本質を見極めるために大切なことは何か。私は「仮説を立てること」だと考えている。常に自分の仕事に仮説をもって、その仮説を検証していくことで本質に近づいていくということだ。

ここで仮説とは何か。私は「考え尽くすこと」だと考えている。事前には確認できないが、相手の立場の答えになっている可能性がある。それが顧客との確認のなかで役立ってくることもある。相手の要求に答えるために仮説を立てるということもあるが、ここでいう仮説はより深み、広がりのあるものと受けとっていただきたい。

仮説と検証を重ねて本質を見極めないと、スキル・ノウハウが蓄積されない

たとえば、システム設計の受託において初期の段階に「コーディング」という仕事がある。一言でいうと、ある特定のプログラミング言語を用いて、プログラムのソースコードを記述（符号化＝code）する作業である。

ここで、その仕事のコーディング作業の本質がわからない若手が先輩に聞くと、先輩は「いくつかのパターンがあって、Aをコーディングしたら B になって、Bをコーディングしたら C になるよね。それをひたすら記述していくと、システムができ上がるんだ」と、「事象」から説明するケースも多い。

そんな説明のしかただ。

ただ、そう説明された新人は、わかったようでわからない。場合によっては、なぜ、それを符号化すると、そういう事象が発生するのか、その事象が何を意味するのか、何もわからないまま、ひたすらプログラム言語を記述していく〝果てしない単純作業〟を続けなければいけなくなる。

ところが、本質を見極めて説明すると、説明のしかた、というか順序が変わってくる。

「この仕事の本質はAという状態をDという状態にすることなんだ。そのためにはAをBに、BをCに、CをDにコーディングしていくんだ」

といった説明になるはずだ。

ここでは仮説と検証について一例を示したが、すべてのマネジメントにおいて、この仮説と検証は重要なものとなってくる。たとえば、自分自身のマネジメントのあり方や意思決定において、ある手法を行ったら、どういう結果が得られるか、それを考えに考え抜いていくことが大切なのである。

「型」を先に覚えてしまうと限界が見え、本質が遠ざかる

仕事の本質というものは、このコーディングといったプログラムの記述のような作業的なことに限らない。

私が入社して20年ほど経って部長職になった2000年頃のことだ。あるお客さまと「マーケティングのしくみをつくろう」というプロジェクトがあった。そこでまず、お客さまの既存の組織別に売上動向などのマーケティング資料をつくりはじめた。それを基礎資料として、いろいろな条件を加味すれば、その条件の正しさを見極めることができるようなしくみ、いわば、お客さまの既存のシステムに適ったマーケティングツールの作成を考えたのである。

私の部下も、どんな条件を設定しても、できるだけ正確に事象を検討し得るようなシステムをつくっていった。

「お客さまが何を求めているか」が見えていない？

だが、私はその考え方に〝ダメ出し〟をした。それは、「お客さまの会社の既存の組織別に」という部分についてだった。既存の組織別に、ということは、いい換えるとそのお客さまにとっては都合良くつくられたシステムだ。だが、まったく何もないところに新たなモノやサービスを投入するためのマーケティングには使いづらい。

たしかに、システムをつくる側にしても、既存の組織別など〝これまで使ってきた一定の尺度〟をもとにデータを展開できたほうが馴染みやすいし、わかりやすい。しかし、それはマーケティングとは質の異なる、いわば、その会社の売上予測の検証システムでしかない。

「せめて、その商圏なり、マーケットなりに、新しいモノを投入すると、その商圏や市場がどのように変化するか、そのなかで、そのお客さまがどう対応すれば良いのかという仮説を立てることができ、何が最適かをシミュレーションできるシステムが必要だ」

とメンバーには伝えた。

すでにある程度でき上がっている使い勝手の良いシステムを一からやり直すのも大変だ。メンバーは、そのシステムの応用の可能性を探っていたようだ。

ところが、やがて、開発メンバーたちの残業が急に増えはじめた。しばらくして、「毎日遅くまで何をやっているのか?」とリーダーに聞いてみると、

「板野さんのいったように、仕様変更の要請がありまして……」

と苦笑いしていた。「それみたことか!」などというつもりは毛頭ない。大切なのは「そのお客さまは何を求めているか」、その本質を見極めることだと思う。

本質が見極められないと、提案書すらまとまらない

時期が前後するが、「型」を先に覚えてしまうと、本質が遠ざかってしまう例をもう一つ紹介しておきたい。たしか1990年代の初め、私が産業システム部という部署の課長だった頃、ある部下が、お客さまに提出する提案書づくりをしていたときのことだ。

「△△の観点でまとめなきゃダメだろう」

といった話をして何度も書き直させたことがあった。だが、及第点を出せる状態には至らないまま提出の前日を迎えた。

私はしかたなく、その部下の資料の表頭と表側、つまり考える切口・整理の仕方を示して、

「これで進めよう。やっとできた。ここまで、お前もがんばったじゃないか」

と部下に伝えた。

すると、その部下が一言、ぼそっと呟いた。

「板野さん、最初からそう教えてくれれば効率的で良かったのに……」

たしかにそのとおりだ。そのほうが確実に効率良く仕事が進む。

しかし、型を最初に、かつ安易に覚えてしまうと、やがて行き詰まるときがある。たとえば、まったく別の資料を作成するときに、うまくいかなくなる。先入観も働き、安易に仕事を進めてしまうクセができてしまうのだ。その部下は、まさにその状況に直面していたともいえる。

仕事をするにあたっては、その内容、金額の大小にかかわらず、考え抜くことが欠かせない。第1章で述べた「全員が同じ正解を出せるようになってからシステム開発に取り組

む」というのも、同じことである。考え抜くために、生産性が上がらない状態がしばらく続くことは、上司としては甘受しなければならない。

怖いのは、むしろ安易な〝見かけ〟の効率性の良さがまかり通ってしまうことだ。上司はそのことを感じたら、安易に進めることにどこかで歯止めをかけなければ、「仕事のやり方をがらりと変えないと、安易な成果に流れてしまい、やがて応用が効かなくなり、組織は疲弊する」ように思う。

残業が重なると、直接的にメンバーが疲弊し、組織が立ち行かなくなるが、それと同じように安易に流れても、組織は結果的に疲弊する。単刀直入にいうと、優秀で仕事の速い人間は多くても〝育たない組織〟になってしまうのだ。

組織の拡大・改編を現場の部長・課長はどう捉えていたか

入社して8年後の1988年1月、NCCは旧・野村総合研究所（旧NRI）と合併し、新生・野村総合研究所が誕生した。当時の略称はNRI&NCCである。

合併時は組合役員として、その後2年間は専従の組合役員として、通常の業務から離れていた。

当社の個別の例になってしまうかもしれないが、私が専従であった頃のことも、当社の上司や部下が変革を求めた背景にはある。それを、ここで触れておきたい。

働き方の変革では、課長ができることにも限界がある

組合活動の内容については本書では触れない。もちろん話すべきではない〝オフレコ〟

の部分もあり、本書の本筋とは異なることもあるからだ。

ただ、実感としては、組合の委員長時代は「相談する相手がいなかったな」という思いがある。当然ながら、「このままの働き方だと、皆、疲れ果てて大変なことになるぞ。社員の健康上も問題は多い。組合としてもなんとかしなくては」といった労務管理上の問題を指摘する声も多かった。

だが、一方で一般社員以上に激務をこなしている管理職の姿を全員が見ている。私自身はそうした社員の労務管理上の実情も、当時の経営陣の考え方も、また、会社の財務的な事情も一般社員よりは理解しているつもりだ。

単純に、「こうしよう」とはいえない立場のなかで、悶々とすることもあった。

「俺は組合の委員長だ。板野だ！」

などと、答えのない奮起を自分にいいきかせて、自宅の玄関を出る朝もあった。

そんな毎日のなかで、誰の発言にどの程度耳を傾けるべきかの判断のコツというかツボを身につけたように思っている。組合員の声、役員の声、社長の声、同業者の声……、組合の執行部には、いろいろな声が入ってくる。

それを相談するような相手はいなかったが、「本気で対応しないと大変なことになる」「聞き流すつもりはないが、参考程度に受け取っておかないと、相手もそれほどの責任を覚悟していっているわけではない」といったことが直感的に理解できるようになった。

その組合の専従経験は、第3章以降で述べる社内変革の〝考え方の下地〟になっているように思う。

また、私にとって身近な上司だった課長が社員の労務管理を正していくということにも限界がある、ということは率直に感じていた。課長職は、いわば現場の最前線の長である。だから、それぞれの課の労務管理を一定程度正していくことができる存在だが、一方で〝実労働〟としても重責を担っている。

私は課長という職位・役割について、働き方を「変えるべきだと思っても、簡単には変えにくい立場」であることも感じていた。

経営者は現場の働き方をどう考えていたか

現場の長ではなく、組織のトップ、社長は働き方の変革をどう考えていたのか。すなわち現場が変革することにどのような考えをもっていたのか、ということだ。

当時のＮＣＣの社長（松浦正輔氏）は野村證券から来られた方で、私たちに意識変革を強く求めていた。ベテランにも若手にも「自分たちの価値を変えよう」と社員に強く訴えかけた。

たしかに、当時は私たちＮＣＣ全社員、また、コンピュータ業界で働く人すべてに意識変革が必要な時代だったように思う。

ＮＣＣはこれまで日本初の商用コンピュータの導入など、情報サービス業として業界の先端を突っ走ってきた自負はある。だが、一方で、

「こんな大変な働き方をしていて、俺たちホントに大丈夫なの？」

といったある種の自虐的な思いもないわけではなかった。その気分に対して、社長は「価値を変革せよ」と訴えた。それは、いい換えると、自分たちの価値を高めるような仕事をしよう、ということだ。

当時のコンピュータ業界では、受託料は「ＭＭ（人工《にんく》）計算」で算出することが多かった。１ＭＭ＝１人で１工程の仕事をいくらで行うかという計算である。そのため、付加価値という考え方はなかった。

ところが、その考え方に対して、当時の社長は付加価値を強調した。いわば〝お布施〟的な考え方である。

モノづくりとは異なり、かたちとして示すことができないシステムを開発・設計し、納品している企業。その受託によって受け取るお金は、いわば物の対価とは異なり、お布施のようなもの。いい仕事をしたら、お客さまはお布施を納めたいと思うものだ。

そのお布施は、読経や法要をしてもらった側が感じた付加価値によって変わる。名の知れわたった高僧へのお布施の額は高くなるものだ。

すなわち社長が私たちに伝えたかったのは、「高いお布施をもらえるような付加価値の高い仕事をしていこう」ということでもあった。

「価値を高めよ」と訴え続けた経営者の一言

そんな社長と、私たち組合の執行部が合併・社名変更について話す機会があった。それぞれの社員は、合併・社名変更についていろいろな意見をもっている。あまり関心を示さない社員もいれば、

「封筒とか看板とか替えるとなると、ずいぶんコストがかかるよね。それをまかなって余りある効果が本当にあるのかな」

と消極的な社員もいなかったわけではない。しかし、総論としては賛成であり、皆、

「これを機に、自分たちの仕事のやり方・意識を変革する必要がある」

と考えた。

ただし、自分たちがこれまで働いてきたNCCという組織の風土・土壌は大切にし続けたいという意見も強かった。そこで、組合としては社長にこう告げた。

「合併や社名変更については、基本としては、社員は同意し、賛同している。ただし、NCCという名称はどこかに残し、その足跡を示すかたちにしてほしい」

社長は〝ＮＣＣ〟の価値が高くなってきていると社員一人ひとりが認識しはじめている実態をうれしく思ったようだ。そして、一言だけ確認した。

「それは、組合員の総意か？」

その言葉には、意識改革といっても、ＮＣＣの社員が培ってきたことは尊重すべき、と社長も思っていたことを感じた。

「そうです。組合員の総意です」

組合執行部の言葉に喜びを感じてくれたように思う。社長が組合員・社員に伝えようとしてきたことを、組合員は正しく理解してくれている――、その喜びである。

そして１９８８年１月、新生・野村総合研究所はスタートし、ロゴ・略称（呼称）として「ＮＲＩ＆ＮＣＣ」という言葉が使われるようになった。

この社名変更が私たちの意識変革、さらに働き方の変革の大きなきっかけであり、原動力ともなった。「これまでやってきたことは、重要なことばかりだ。だが、今後はさらに重要なことを進めなければならない」ということだ。それが、自社に誇りをもち、さらに自分と組織の付加価値を高めていくということである。約１年後の１９８９年３月には合併による「一体化宣言」が発せられ、会社の略称は現行の「ＮＲＩ」となった。

1990年、組合の専従を離れて、産業プロジェクト部の課長として現場に戻ってみると、いくつかの変化を目の当たりにした。野村コンピュータシステム時代より野村総合研究所という社名のほうが、明らかに営業がしやすく、これまでの受託開発業務を超えて、コンサルティング業務にも進出する気運が生まれていた。

お客さまの投資先の資本政策にシステム上のアドバイスができるということなど、かつては考えたとしても簡単に実現できることではなかった。

「付加価値の高い仕事が目の前にたくさんある」

そういう思いを新たにした。

社長は、現場とボード（取締役会）の両面を見ている

また、組合の専従だった当時、「現場」というものについてもよく考えた。一般社員の職場はまさしく現場であり、課長クラス、部長クラスは、いわば現場の長である。しかし、上場する組織の社長の現場は一般社員のいる職場だけとはいえない。もし、社長の現場がどこにあるかといえば、実際に社員が働く現場とともに、ボード（取締役会）にもあるの

ではないだろうか。

松浦社長は当時の役員には厳しい存在だったようだが、社員、とくに若手にはやさしい存在として知られていた。名前を知るはずのない若手社員にも、

「〇〇くん、最近どうだい？」

と名前で声をかけてくれた。そして、小むずかしい理屈・論理は語らずに、わかりやすい言葉で私たちの意識を変えようと心がけてくれた。

「お金は、君たちが考えた倍の額を提示しよう。君たちは、それだけもらう価値があると思って働くように」

「スケジュールは必ず2か月くらいは余裕をもたせてもらうことだ。そのほうが確実に良い仕事、付加価値の高い仕事ができる」

そうした言葉を社命として受け取る私たちには、これまでとは異なる余裕と意欲が生まれたように思う。一言でいうと、「自信をもってがんばっていこう」という安心感だ。きっと、それまでのNCCには、業績が向上し、会社としての認知度が高まりつつあったといっても、どこかに大手企業の〝下請体質〟があったのだと思う。だからこそ、社員一人ひとりが職人気質でがんばってきたのかもしれない。

しかし、その働き方も、働く側として限界にきていた。少なくとも、「これまでのやり方を変えないといけない」とトップが思うのではなく、現場の長とメンバーが思いはじめていた。

そのとき、トップにできることは取締役会ではみずからを、またボード全体を厳しく律することであり、社員に向けては意識変革を訴え続けることだ。

では、現場の長である部長や課長にできることは何か。意識変革したことを実際の働き方で示すことである。それは現場の長である部長や課長にしかできないことである。

従来の働き方では、市場への適応が後手に回る

NRIが変革を進めてきたのには、いくつかの理由・背景があった。大きな理由としては、これまで述べてきたように、前身であるNCCの時代から続いていた働き方そのものが、「このままではいけない」と変革を迫られてきたことである。

そしてもう一点が、合併により社名を変更して以降、新たなマーケットへの進出が顕著になってきたことである。

事業の大きな柱をつくり、育てる気運が生まれてきた。これまでのやり方が通用するかどうかわからない市場に進出するには、まず、自分たちからその市場の特徴をつかみとり、その市場に適合した変革を進めていかなければならない。

その大きな柱がサービス・産業システム本部の創設である。

新しい「部門」ができるときに欠かせない対応

ＮＲＩがサービス・産業分野のシステム事業に本格的に取り組みはじめたのは１９９１年のこと。当時のＳＩ事業推進本部のなかに産業プロジェクト部を設立したときである。それまで当社は、顧客案件ごとにプロジェクトを組み、システム設計の受託開発を行っていた。だが、会社組織全体が大きくなり、また、金融マーケットだけでなく広く産業分野全般にわたる要請案件も増えてきたので、新しい部門をつくり、運営していくこととなったのである。

産業システム分野が本部機構の組織にまで発展したのは、産業・社会システム本部という名称になった１９９８年のこと。この部門のみの売上規模は、少ししっかりとした中小企業のレベルと思ってもらえば良いだろう。

その後、２００１年から２００３年にかけて、いくつかの組織改編を経るなかで「産業システム」を標榜する組織はいったんなくなるが、２００４年に産業システム事業本部として復活する。

その翌年、２００５年に私は執行役員となり、サービス・産業システム事業本部の副本部長となった。

以後、サービス・産業システム事業本部から新たな部署が生まれたが、サービス・産業システム事業本部という組織は続き、２０１０年には事業本部としては約３８０名、同一事業セグメントに属する中部支社は約40名、関西支社は約65名の陣容となった。組織が大きくなるなかで、市場に適合した陣容を整えるために、毎年のように組織改編を繰り返してきた。

事業規模としては部署がスタートしてから10年強の間に4倍弱に拡大した。２０１０年の売上構成を概観すると、システム開発とシステム運用がそれぞれ45％ほど。コンサルティングと商品販売がそれぞれ5％ほどとなっていた。

同年、私はサービス・産業システム事業本部長と中部支社長、関西支社長を兼務することになる。どんな会社でも同じだろうが、組織が大きくなるなかで、経営環境が変化し、またその環境変化に応じて全社の戦略・戦術が変更されれば、当然ながら組織の名称・陣容なども変わっていく。当社、また私自身も社員も、そうした変化に敏感にいち早く対応してきた自負はある。

そして私は、社内の変革は主に、このサービス・産業システム事業本部とシステムコンサルティング事業本部、それに加えて本社機構のなかで行ってきた。

市場に適した働き方を考えよ！

個別企業名などは伏せさせていただくが、サービス・産業システム事業本部では、多業種にわたって、いくつも大型案件を受託し、その成果・実績を示すことで事業基盤を拡大してきた。

大手企業を顧客とした物流システムの構築、ＳＣＭコンサルティングの実施、全面的なアウトソーシングの受託、基幹システムの再構築など、２０００年から２０１０年にかけて、数十億円規模の事業を受託した。

ここには正直なところ、社名変更により徐々に〝総合研究所〟という立場・地位が浸透してきたこともあると思う。平たい表現をすると、「営業がしやすくなった」わけで、その効果が10年近くかけて徐々に、確実に現れてきたのだろう。

また、大型案件の受託以上に喜ばしいことは、新しいお客さまとの確固たる信頼関係を築いてきたことだ。そのなかには、顧客企業の代表者もいれば、専務、常務、執行役員、部課長の方々もいる。そうした〝現場の長〟との信頼関係は、案件の継続受託や新規案件の紹介などを通じて、サービス・産業システム事業本部の受託事業の大型化につながっていく。

もちろん、現場同士、さらにパートナー企業の社員も含めた信頼関係は、互いの企業において企業人としての成長に貢献したはずだ。

ここに示した大型案件のいくつかは、顧客企業の改革事例として、新聞に大きく掲載され、紹介されたものもあった。当社はＢtoＢの仕事としてその改革を受託した立場なので、当然ながら記事上に社名が載らないケースも多い。だが、そうした紙面を見ることは素直にうれしく誇らしかった。

私たちが受託した事業が、こんなにもお客さまの役に立ち、それでお客さまは業績を改善し、伸ばしている。そのことを新聞も客観的に評価している。〝受託冥利に尽きる〟という言葉があるかどうかわからないが、社内的なお祝い会を盛大に開いたこともたびたびあった。

そうした受託事業の一つにＳＣＭソリューションのコンサルティングがある。どのようなアプローチでＮＲＩがコンサルティングしているか、そのポイントを73ページに紹介しよう。

一言で述べると、ＳＣＭのコンサルティングといっても、オペレーションだけでなく、そのシステムの設計面、組織の運営面も含めて、全社的に細部にわたって整合性をもたせながらの改革をコンサルティングしている。

このことは、海外拠点を通じたグローバルＳＣＭでも、またアウトソーシングのソリューションでも同様である。

たとえば、ある大手メーカーに対するアウトソーシングのソリューションでは、いくつもの機能的改善の要件を、
・継続的な業務革新
・プロセスの標準化
・システムの品質向上
・ＩＴ生産革新の推進
・リスクマネジメントの強化
という五つの〝業務革新エンジン〟の観点からＳＯＷ（業務仕様書）として提案し、具

■ SCMソリューションのコンサルティングのポイント

❶ 業務（オペレーション）改革	需要予測や販売計画を立案し、短サイクルでのローリング（定期的な見直しと修正）を行う。また、統合需要計画も同様に、短サイクルローリングを実施し、計画の自由度を拡大するための生産供給体制の強化を図る。
❷ 社内ルールも含めた組織改革	需給調整するための組織からＳＣＭを推進するための組織への転換を図る。統合ＳＣＭ計画の「立案」「実行」「調整」体制を整備し、ＳＣＭ管理のための定量分析スタッフの確保と育成を図る。
❸ システム改革	ＳＣＭ計画に関わるシステム（需要予測システム、統合需給計画システムなど）の開発・構築を行うとともに、ＳＣＭ実行系システムの構築を行う。

体的な改善施策を実行していくなかで成果に結びつけてきた。

このように、何年もかけて、当社にとっての新しい市場に取り組んできたことも働き方の変革を推進した背景にはある。その市場に適した働き方はどのようなものか、働き方の変革には、自社の上司と部下の要請などの内部要因があったことはもちろん、新たなお客さま、市場に適応するためといった外部要因もあり、それらが綾なすなかで推進することが欠かせない、と考えたのである。

第3章

GOALとSTEP〝両輪〟で進める組織の「働き方イノベーション」

部門の変革で重要なのは、信頼にもとづいたコミュニケーションと人材育成

働き方を変革していくときには、いくつか重要なことがある。

まず、現場を信じることだ。

前述のように、かつて日本の職場は「現場が強い」といわれてきた。それは、いわゆる一般社員だけでなく、現場の長である部長・課長クラスの力、能力、スキルが強かったのである。その現場の力で、会社や組織というものを引っ張ってきた。

ところが、そのなかで、大きくなる組織では、現場に頼りきりで良いのか、という問題も惹起してくる。組織改編など新しい部署や部門が生まれると、「新しい酒は新しい革袋に盛れ」というような教えも必要になってくるのではないだろうか。

企業・組織にとってそれは、新しい価値を生むなら、新しいやり方で生みださないといけないということでもある。従来のやり方で新しい価値を生もうとすると、その価値が十

分には生まれないばかりか、従来のやり方さえも通用しなくなり、手法と価値の両方が不十分なものになってしまう、ダメになってしまうこともあり得るのである。

そのハードルを乗り越えるには、原点に戻り、現場を信じ、新しい市場や組織のやり方が現場に根づくようにすることが欠かせない。そのことを実現するためにマネジメントがあり、そのマネジメントからしか変革は生まれないのである。

コミュニケーションと人材育成の両輪を充実させる

その現場を信じ、変革のマネジメントを実現するために欠かせないものは、より深いコミュニケーションと人材育成である。コミュニケーションは、単純なおしゃべりといったものではない。大きくなる組織、新しい組織では、その組織に適ったスタイルを踏まえたコミュニケーションが重要である。

大きな組織のコミュニケーションというと、とかくガチガチに縛られた意思伝達系統にもとづいたものを考えがちだが、それだけではいけない。明快な指揮系統に沿ったコミュニケーションとともに、より創発的なコミュニケーションが日々生まれ得るような環境も重要な要素の一つである。

一方、創造的なビジネスを実現するためには、考え抜く習慣も、それができる環境も重要になってくる。それを、「働き方」という〝型〟のなかに落とし込んでいくことが求められる。

さらに、人材育成も欠かせない視点の一つとして挙げることができる。単に風通しの良い雰囲気で、現場を信じることだけで業績が伸び、組織が現下の競争を勝ち抜いていけるとは到底思えない。現場に対して、現場の長の上の立場、たとえば本部長・役員クラスができることは、実践的な意識改革すなわち人材教育をおいてほかにないとさえいえる。

現在のＮＲＩの社員は、本当に優秀な人材が集まっていると思う。それは単に成績が優秀といったことではまったくない。後述するような人材育成を果たし、私たちが信じ、また、互いに信頼し合える現場を担っている人材であるということだ。

コミュニケーション、人材育成にもとづいた信頼。これは互いにシュリンクし合い、スパイラルアップしていくものだろう。それを実現していくことが働き方の変革であり、それをマネージャーが行うことが変革のマネジメントである。

組織の改編では〝何を〟変革しなければならないのか

単純な働き方の変革ではなく、組織が大きくなり、その組織の改編があるなかで、働き方とそのマネジメントはどう変革していけば良いのか。私の携わったNRIのサービス・産業システム事業本部を例に見ていきたい。

サービス・産業システム事業本部は、当社内のいくつかの部署が統合・組織変更して新しく生まれた部署である。その背景・事情としては、これまで当社の主力市場であった証券・金融マーケットの枠を超え、新たな顧客・市場を開拓していくということがあった。

事業特性を見極めることが先決

ここで、大雑把ではあるが、NRIにとって、従来の「証券・金融マーケット」とサービス・産業システム事業本部が対象とする「サービス・産業分野」の事業特性を比較しておこう。新しいマーケットに進出する部門をマネジメントする際には、まずその事業特性を見極めることが先決だからである。

①証券・金融マーケット

証券・金融マーケットについては、NCC時代から培ってきた実績がある。業界そのものは、これまで指摘したように付加価値を重視する情報産業である。

地域としては比較的、東京一極集中であり、全国に拠点網を配置する必要はあまりなかった。財務的には付加価値を重視した知識ベースで成り立ち、また健全な取引ができるかが分かれる。

そして、受託したサービスの成果物は、法制度に準拠した品質が重視された。

②サービス・産業分野

私が2005年から副本部長、2006年から本部長を務めたサービス・産業システム事業本部は、基本的に新規受注のお客さまを獲得していかなければならなかった。業界としては、お客さまの先にいる消費者のニーズに即応した機能が重視される。

証券・金融マーケットが情報産業であることに対比させると、サービス・産業分野はいわば〝実質産業〟である。地域的にも東京のほか関西や中部など多極化し、財務面ではコストを重視する提供価格ベースで判断される。

そして、法制度などへの対応面では、法制度に準拠したものであるとともに、業務を実現するための「要件」を重視する必要がある。

そうした外部要素の違いを82ページ表にまとめた。

では、顧客の内部的な要素の観点から見ると、どのような事業特性の差があるのだろうか。

証券・金融マーケットでは組織としては創業のベースから当社の側もある程度は理解でき、プロジェクトはいわば〝モノ〟を提供しているのではないので属人的であり、かたちとしては見えにくい品質が重視され、開発面では知識集積型となる。そのため、お客さまをパートナーとして捉えると、知識集積の対象ということになるだろう。

一方のサービス・産業分野は組織としては非金融本部の統合であり、プロジェクトでは

■ サービス・産業システム事業本部の事業特性（外部要素）

	証券・金融マーケット	サービス・産業分野
顧客	**ブランド力で集客** 業務知識がNRIに蓄積される NRI主導が可能	**新規受注** さまざまな顧客（ほぼ必ずコンペ） 顧客の信頼を得るまでに時間がかかる（実績が必要）
業界	**情報産業【付加価値重視】** 情報 超上流から開発まで →業務知識と経験による顧客提案力	**実質産業【機能重視】** 製造業〜小売〜サービス業界において「物流・製造・販売管理・情報系」などさまざま 基幹システムを手がけにくい →業務知識を蓄積しにくい
地域	**東京一極集中** 人脈、人材動員力を活かしやすい 知識が組織に集約される →組織の知識層が厚くなる	**多極化（首都圏、関西、中部など）** 首都圏以外の人員動員力が弱い 拠点としての成熟度が高くない 余裕のない受注
財務	**知識ベース【付加価値重視】** 利益率が高い 社員の能力が収益に反映される	**提供価格ベース【コスト重視】** 価格競争によるコスト圧力が高い 収益力の低下
法・制度	**品質重視【法制度の実現】** 決定権：国（規制） 業務の自由度には法制度の制約がある	**要件重視【機能の実現】** 決定権：顧客のキーマン 顧客ごとに業務が異なる →業務要件に対するイニシアチブが取りにくい

■ サービス・産業システム事業本部の事業特性（内部要素）

	証券・金融マーケット	サービス・産業分野
組織	**創業のベース** 共通項が多い（人材・開発・情報共有） →他本部からのサポートが受けやすい	**非金融本部の統合** 共通項が少ない →個人の能力に依存しがち チーム形成から戦力化まで時間がかかる →コミュニケーションによる 情報共有力不全 業務キャッチアップの必要性
プロジェクト	**品質重視** プロジェクトにおける社員比率が高い マネジメントの標準化	**コスト重視** プロジェクトにおける社員比率が低い 多様なプロジェクトで標準化しにくい
開発	**知識集約型** 開発重視（再生産がメイン） パターン化 →標準化による均質化、可視化が可能 管理可能な基準と指標がある →リスクコントロールが可能	**モジュール型** マネジメント重視（多彩な開発メニューの組合せ） パターン化しにくい →個人の能力に依存しがち 管理基準や指標が特定できない →リスクが測りがたい
パートナー	**知識集積の対象** 特定のパートナーと長期契約で知識の継承 パートナーの特性を見極めたチーム形成が可能	**知識購入、リスク共有の対象** コスト対策 新規開発フェーズで満足度の高いケースは少ない

コストを重視し、その開発はモジュール型で組み合わせていくことが重要視される。パートナーとして捉えると、知識を購入し、リスクを共有する対象となる。

非常に大雑把であるが、そうした内部要素の事業特性を比較してみたのが83ページ表である。その特性の違いを一言でいうと、当社がこれまで主力顧客としてきた証券・金融マーケットに比べ「他社を圧倒できる武器が生みだしにくい」ということである。

新しい部門によって、新しいポートフォリオが生まれる

もちろん、これまでの主力ターゲットであった金融・証券マーケットを深耕しつづけるのであれば、これまでと同様の仕事のやり方でも良かったのかもしれない。しかし、実際には社内での非金融分野への進出の期待は大きく、その期待が圧力のある追い風となって、部門を統括していた私はもちろん、現場をも後押しするようになっていった。

２００９年のこと。当時、ＮＲＩの社長（藤沼彰久氏）は、日刊工業新聞の年初のインタビューに「消費材を中心とした製造業など新規開発投資が見込める産業もあり、営業を強化している」と応えている。

組織を変革するにあたって、事情や事態に表向きも裏向きもない。全社員が〝宮大工の棟梁〟としてがんばってきて、それが限界にきていたのも事実で、また、新事業に進出するために仕事のやり方やしくみを180度転換しなければならなかったのも事実だ。

当社は2009年、次の5か年の事業計画を示す「V2015」において事業ポートフォリオの変革・刷新を行った。それは端的にいうと、早晩、事業ポートフォリオにおいて「産（産業）」「金（金融）」の交代が起こる。その〝産金交代〟に向けて、事業も仕事のやり方も再構築せよ！　という大号令だった。

組織のなかの部門の「役割と責務」を整理する

本書で述べる「働き方とマネジメント」の変革は、大きく三つに分けることができる。一つはサービス・産業システム事業本部での変革と、もう一つは、システムコンサルティング事業本部、また本社部門での変革（いずれも第4章）ということになる。それは、サービス・産業システム事業本部の副本部長もしくは本部長として、一つの大きな組織の変革を進め、それをのちに別部門へ、さらに全社的に広げたという関係になる。

第3章では、前者、主に私がサービス・産業システム事業本部の副本部長もしくは本部長であった2005年から2010年頃の5年間の働き方・マネジメントの変革の体験を中心にまとめておきたい。

規模の大小を問わず、時流に応じた組織変革はいつの時代も経営上の大きなテーマである。ところが、大きな組織では、ともすると大号令はかけたものの現場に浸透するには時間がかかり、なかなか成果が得られないことも散見される。そのとき、組織の長はどう取り組んだら良いか、さらに何を大事にして、何を捨てるべきかなどについて、私の取り組みも少しは参考になることもあるだろう。

現場の長（部長や課長）ではなく、部門長（事業本部長）としてすべきこと

働き方の変革にあたっては、まず、自分たちの部門・部署の役割から見直してみることが重要である。

短期的かつ直接的な役割は、「新しい部門を軌道に乗せ、少しでも大きな収益を生むこと」である。だが、本来の役割は、そのような短期的、直接的な視点だけで捉えられるものではない。前述したように金融・証券マーケットと両輪をなす、ＮＲＩの事業を象徴する組織を構築し、その組織力を総動員して事業拡大を図ることである。

このとき大切な視点は、重複するものをつくらないということである。ＭＥＣＥ（ミーシー）といういい方があるが、重複する役割を排することで、各自の責任を明確にするのである。

私たちはまず、サービス・産業システム事業本部という部門組織を「営業」「事業」「スタッフ」という三つの機能に分けてみた。営業は文字どおり、新しい事業領域でお客さまを獲得する機能をもっている。事業とは、営業が受託してきた案件を〝事業〟として築き上げる機能をもつ。そしてスタッフは、営業や事業を最適な状態に保つ機能をもつ。

次は、それぞれの機能を具体的にどの部署が担うか、である。

「営業」については営業部、関西支社、中部支社の事業推進室が担うこととした。その具体的な仕事は、業界情報の発信と顧客情報の収集、一次営業、RM（relationship management＝顧客との信頼関係の構築）などである。

「事業」については、業務コンサルティングとシステムコンサルティング、SCMなど、またIT構造改革（アウトソーシング）といったソリューションの場面で分類し、それぞれにお客さまを「小売流通」「消費財」「サービス業」「製造業」と想定した。そして、小売流通は流通サービス事業部が担い、消費財は産業一部、二部、三部と中部支社が担い、サービス業はサービス一部、二部が担い、製造業はビジネスイノベーション事業部が担うこととした。

「スタッフ」については、開発管理部が大型の新規プロジェクトの提案からリリース（納品）までをウオッチすることとした。また、従来、各部門に置いていた業務管理室（サービス・産業システム事業本部の業務管理室）では、財務、統制、人材育成、セキュリティ、品質、本部の組織運営など部門全般の変革の推進役を担うことにした。

イノベーションの実働部隊を明確に置く

サービス・産業システム事業本部としては、営業機能をもつ部署、スタッフ機能をもつ部署、事業機能をもつ部署において、新たに機能強化した部署がある。それが業務管理室である。

前述のように〝勝負に勝てる武器がもちにくい〟状態、すなわちＮＲＩがもつブランド力が通用するかは未知数である事業本部を今後、柱としていくからには、事業本部をあたかも一つの会社と捉え直す必要があったのだ。

ＮＲＩという一サービス業のサービス・産業システム事業本部という一事業本部ながら、２００５年頃は売上規模としては１００億円に満たない規模から５００億円、１０００億円規模をめざし、さらにＮＲＩの主力分野であった金融・証券マーケットに続き、その事業の一翼を担う責務がある。

この過程で、私はスタッフ機能の業務管理室の徹底強化が欠かせないと考えた。一時期の売上なら、その気になれば誰でもつくれる。大事なのは、その売上をつくり続け、事業の柱とすることだ。そのためには、業務管理室を徹底的に強化し、生産性の高い、従来の働き方とは異なる組織を具体的に構築していくことが欠かせないと考えたのである。

次に紹介するのは、その業務管理室のスタッフの回想である。後述の、どのように変革を進めてきたのかを理解いただくためにも、ここで紹介しておこう。

時間という制約を設けることで、時間に頼らない組織を築く

「残業するな。電気を消すぞ！」

本部長は社員に大声でそう号令をかけた。最初は「何いってるんだろ？」という気持ちになる社員もいたはずだ。しかし、よくよく話してみると、本部長は次項で述べる時間管理についてて確固たる信念・哲学をもっていた。働き方の変革を進める前は、いかに〝時間に頼った〟仕事をしていたか、と自分自身、痛感する。

時間管理においてまず大事なのは「時間という制約」を設けることで工夫が生まれることだ。そして、時間に頼らない質の高い仕事ができ、できた余裕時間で自己研鑽し、それを仕事に、お客さまにフィードバックでき、人間の幅も広がる。

サービス・産業システム事業本部は本部長の陣頭指揮のもと、そうした時間管理を徹底した。その時間管理を実現する投資も積極的に行ってきた。動線とコミュニケーションに配慮したオフィス改革、セキュリティを万全にしたネットワーク整備、各種の労務管理・データベースなどのツール、さらに外部の研修――、こまかく挙げるとキリがないくらいの「人への投資」を実践してきたのだ。時間に制約を設けることで、時間から開放され創造的に仕事ができる。それは、これまで時間管理に悩んできたNRIという会社の発想を180度変えるものだった。

ただし……、正直にいうと、サービス・産業ソリューション事業本部の業務管理室長だった2年間は、本部長のもとで24時間態勢だった。働き方の変革を推進するとともに、社員のフォローも行う部署。組織運営業務として事業計画の策定や財務面の取りまとめ、人材開発、セキュリティ対策、労務管理、契約などの統制面、オフィス改革、提案の審査など、本部長の実務秘書の位置づけである。

とくにセキュリティ対策は、サービス・産業ソリューション事業本部は多様な新規顧客が多かったこともあり、仕事を効率的に進めていこうと思えば思うほどに後手に回っている実情があった。だが、全社的なリスク管理の要請もあり、その対策では大きな投資をしてスピーディに対応した。

スタッフの日常業務は朝は7時に出社。そこに本部長がいて、矢継ぎ早に指示が飛んでくる。口頭はもちろんのこと、ケータイのメールでも。信頼されていることはありがたいが、いちばん時間管理が後手に回ったのは、スタッフ部門だったのかもしれない。

また、サービス・産業ソリューション事業本部の本部設計会議という提案書のレビュー会議では、ずいぶん厳しい叱責も受けた。本部長はもともと、イシューを両極端に振ってから議論を深めていくタイプであり、レビューを受ける側は、たくさんの選択肢から最適解を導きだすために、考え抜く力が身についた。

本部長との仕事を通じて、専門家として強い意思と思念をもって仕事を進めることの大切さを学んだ。「お客さまのために」ということも、短期ではなく中長期で考える。それを原点にして、お客さまとの信頼関係を築き、そのことによって会社が成長し、社会に貢献できる存在になる。そうした先を見通してマネジメントはどう変革すべきかを教えてくれた。

労務管理・残業時間の削減〝総論〟だけでなく、個別の対処も重要

では、具体的な働き方の変革の諸施策に入っていこう。

かつてのNCC、またNRIに社名変更してしばらくの間は第1章、2章で示したとおり、一言でいうと、残業体質の強い会社だった。月間残業時間が100時間レベルの社員も多かった。

その状況のなかで、次から次へとプロジェクトを進めていたのだから、そのままの状態を続けることは、会社としてどうしてもムリがあった。

そこで、組織改編によりサービス・産業システム事業本部としてスタートした2005年から、この残業時間を徹底的に削減した。

「生産性が高まる」ということの意味を再確認する

ここで、あらためて言葉の定義をしておきたい。まず「生産性」である。「生産性を高める」ということを狭義に捉えれば、システム開発の手法を磨いたり、開発に直接的に関連するマネジメント手法を変更したりして、時間当たりの生産単価を上げていくということになる。

しかし、もっと広く捉えれば、前述のように、「仕事においてループ、手戻りを減らす、ループしなくても良いように進めていく」ということになるのではないか。何か不具合が生じたとき、いったん戻って修正して、また進んで修正して、見方によっては〝尺取り虫〟のような動きをしていると、どうしても生産性は落ちてしまうのだ。

また、コストと生産性の関係では、コストが下がれば生産性は高まる。これまで100のコストをかけて生んでいた成果を80のコストでできるようになれば、それは生産性が高くなったということになる。

生産性が高ければ、「付加価値」は高いのか

生産性とともに、付加価値という言葉も考えておきたい。生産性が高い仕事は、「付加価値も高い」と考える人が多い。しかし、実態はその逆であるケースも多い。単純に述べると、「これまで100のコストでやってきた仕事が80で実現できたのだから、90で売っても良いだろう」と考える人がいるのだ。

しかし、それは付加価値を下げることにつながる。お客さまに提供する価値が上がったのなら、私たちが自分で認識できる価値を上げても良い。NRIの効率が逆に良くなったら、利益率は上がるが、それで売上を上げ下げする理由にはならない。

また、生産性の高い仕事が「付加価値の高い」仕事だと考えるとき、自分たちだけで考えてしまっていることに注意する必要もある。本来、生産性は自社側が評価することで、付加価値はお客さまの側が評価することである。だから、イコールというわけではないのだ。

たとえば、「日本一優れたエンジンを搭載したクルマ」がお客さまにとって付加価値が

高いということであれば、そのエンジンの原材料費・燃料費・減価償却費などのコストについて、お客さまはとくに意に介さない。一方、そのエンジンをどれだけスピーディにつくれるかは、生産性の問題である。生産性と付加価値はそんな関係と考えて良いだろう。

その付加価値を高めるには、社員同士、また社員とお客さまとのコミュニケーションの密度を上げることも重要になってくる。お客さまの一つひとつのイシューをできるだけ的確に、すみやかに解決できる手法なりシステムを提供できれば、それが「付加価値が高い仕事」ということである。

変革はすべてコミュニケーションの上に成り立つ

このコミュニケーションということは、働き方の変革を通して、私がもっとも大事にしてきたことでもある。人の成長を助けるのも、知識欲を喚起してくれるのも、知識・ノウハウを授けてくれるのも「コミュニケーションしかない」と考えている。

私は口下手ではないが、説明不足であることをよく部下や後輩にも指摘される。だからいうわけではないが、そのコミュニケーションとは、単に会話が上手ということではない。

状況に応じてコミュニケーションは異なると考えている。

たとえば、仕事が効率的に進まずに、悩んでいる社員がいる場合、「仕事を効率的に動かすためのコミュニケーション」を行うべきだ。同僚であれば、「何か困っていることがあるのか」「何か助けてあげることができないか」といったコミュニケーションになるだろう。そして、いざ何かしらの方法で助けてあげられそうなときは、「どのようにやっていけば良いか」といった、より詳細なコミュニケーションになる。

同様に、意思疎通を図るためのコミュニケーション、新たな発見をするためのコミュニケーション、夢を語る〝飲みにケーション〟、それぞれが微妙に異なっているのがコミュニケーションだと思っている。

社外対策では、労働時間の削減より業務の見直しを図る

なぜ、残業するのか。その理由はそれぞれの社員によって異なる。「なんとなく帰りづらい」という人もいれば、「仕事が好きだからもっとやりたい」という人もいる。ムリな体制や計画で仕事を遂行し、かえって品質を下げてしまったり、トラブルを抱えたりして

いる人もいる。部署によっては環境が良くなかったり、管理効率や生産効率が悪かったりするケースもあるだろう。さらに、健康や家庭の事情が本人の仕事の時間に影響してくるような事態もあるだろう。

そのように事情はさまざまあるが、どのような理由・背景・事情があったとしても、月間100時間を超えるような残業態勢を続けていくわけにはいかない。それは、人間が働き続ける環境として、ムリがあるのだ。

そこで、単純に組織として月間○時間に削減するという基準は段階的に示したものの、それ以上に仕事の型・スタイルを変えていくことで、それを結果的に労働時間の削減につなげていく対応をとった。

対顧客については、お客さまへの提案時点でWBS作業分解構成図を作成して、スケジュールと進捗の状況の実現性を常に確認するようにした。また、見積りの精度を上げ、あわせてお客さまの果たすべき役割・スケジュールも明記することによって、推進に当社、パートナー企業、お客さまそれぞれが責任をもってもらうようにした。

また、ノー残業や効率化に関しては、お客さまへの提案書にも「当社では働き方を見直し、残業時間の削減をめざしている」といったことを宣言し、これまでは就業後の時間帯である17時以降に設定されることも多かった打合せを厳禁とし、会議の設定時間は9時～17時の時間内に、と明記するようにした。

そのほか、提案書の段階で、DEVNET（シスコプラットフォームと連携するソリューションの充実化のほか、開発者コミュニティの活性化を目的とするグローバルプログラムのこと）の使用や会議の効率化などを前提条件としていることも明記した。

それでも残業、さらに徹夜で対応しないと片づかないようなプロジェクトも出てくる。そのように労務的に問題となったプロジェクトについては、顧客CIO（最高情報責任者）に報告し、管理基準を提示することで協力を要請した。

社内対策では、生産性の考え方を提示し、勤怠を〝見える化〟していく

次に、社内的な取り組みである。

まず、生産性指標については、サービス・産業システム事業本部は残業を前提としないよう全社平均より低めに設定し、開発管理部という部署によって、計画の妥当性や実現性を細かくチェックするようにした。またチェックするだけでなく、プロジェクトそのもの

■ 残業時間削減の主な対策

生産性指標は残業を前提としないよう全社平均より低めに設定

開発管理部の創設：計画の妥当性や実現性をチェック
プロジェクトに踏み込んだ支援も実施

本部設計会議の運営に注力→品質向上を徹底

障害削減やコール削減を強力に推進し、本来の仕事に集中できる環境を整える

フリーアドレスを推進
コミュニケーションをとりやすいオフィス環境を実現する

ノンペーパー化を徹底
不要不急の“書類の山”を削減し、効率的に集中できるようにして生産性を高める

テレビ会議設備やディスプレー環境などファシリティ面のサポート
勤怠の見える化の徹底（本部衛生委員会、部長会で公開）

に踏み込んでの支援も実施した。

さらに、本部の設計会議の運営に力を入れ、お客さまに提供するシステムの品質の向上を徹底した。そのほか、仕事の手戻りの削減を徹底し、本来の仕事に集中できる環境を整えるとともに、後述するようにオフィスのフリーアドレス制を採用し、ノンペーパー化を徹底した。もちろん、テレビ会議設備やディスプレイ環境などファシリティ面でもサポートし、〝勤怠の見える化〟を実現していった。

このような試みにより、残業は2007年以降、概ね月間20~40時間レベルで推移するようになった。これで、変革の時期から導入していた裁量労働制が意義あるものになったと思う。

コンプライアンス「ガイドラインと期限」を厳守する

どのような企業にもコンプライアンス上の規程やルールがある。ところが、それを記した書類が企業によっては、誰も目を通さないような難解で迂遠な内容になっているケースがある。

ＮＲＩでも、かつては全社的に統一していた面もあり、どうしても膨大で抽象的な規程内容になっている傾向があった。そこで、そのコンプライアンス・ルールをサービス・産業システム事業本部の運営ルールに集約し、それによってコンプライアンスに対応することとした。一言でいうと、「何かあったとき、どうすれば良いか」を端的に明示したルール集である。

一例を挙げると、「情報セキュリティに事故があった場合は、部長と業務管理室長と、xxxx@nri.co.jpに連絡してください」といったように、より実践的な行動ルールを示していった。まさに、現場密着型のコンプライアンス・ルール集としたのである。

コンプライアンスのために重要な「TO DO LIST」

残業時間の削減などと並行して、締切りの順守も徹底した。これも、コンプライアンスの一環ということもできる。社員個人だけでなく、部署・部門・他部門、本社などの「締切り」があるさまざまな業務のうちサービス・産業システム事業本部が関わる業務について、「TO DO LIST」を作成し、そのリストを部長や室長のスケジュールにも組み込まれるように設定した。

そのうえで、半期ごとに、〝締切り順守度ランキング〟を公開し、それを部署やプロジェクトリーダーの評価にも反映させた。

それは、ひとえに締切りを守る企業風土・文化を醸成したかったからだ。実際に、締切りを守るという意識は浸透し、飛躍的に〝確実に仕上げる〟という文化が生まれた。しかも、残業の大幅な削減も実現したうえでの成果である。

なお、経費節減についても触れておこう。

一般的に考えると、一人ひとりの社員が着実に利益を生みだしていく会社や部署になっていくためには、冗費を削減するというのも、重要な施策の一つである。しかし、この点については、私は社員各自の常識に委ね、緩やかな統制を行っていった。「適切な経費使用で最大の効果を！」ということである。

もちろん交際費の使用基準、タクシーの利用などの内規はある。その点で大事なのは、経費の「使用基準」を細かく設け、その基準を徹底する、すなわち、経費削減を〝押しつける〟より、本部長・副本部長から新入社員まで、事業本部内の全社員について、使用した経費を分析し、公表することを重視した。そのような部分に力点を置くことで、おのずと冗費は抑えられるものである。

コラム

内部監査の評価

全社的に見て高い水準と評価される

NRIでは毎年、内部監査を行っている。2010年度の内部監査において、サービス・産業システム事業本部のコンプライアンス強化の取り組みは「全社的に見て非常に上位に位置しており、個々の社内ルールの順守は高いレベルにある」と高評価を得た。その通知書の文言を紹介しておきたい。

サービス・産業システム事業本部は本部付を加えると、14室、社員数約400人で構成されている。

内部統制を推進する立場にある業務管理室は社内ルールの順守などに非常に力を入れている。独自に本部内でより厳しいルールを設定する、始末書を用意するなど、課題と認識した統制を一つひとつ強化しており、その効果が現れている。統制状況は全社的に見て非常に上位に位置しており、個々の社内ルールの順守は高いレベルにある。今後とも、現在の統制レベル維持し、さらに社内ルールが整備されていない部分についても、リスクを勘案し、適切に対処する態勢を整えるよう、社内ルールの目的（何をさせたいか、何を避けたいか）を社員に十分理解させ、社内ルールがカバーしていない範囲についても問題を予測し、避ける行動ができるよう導いていただきたい。

（内部監査結果通知書 第１５６号）

契約手続き「手法とマネジメント」の両面からしくみを見直す

業務を進める際のリスクを最小限に抑えるため、契約書の雛型をサービス・産業システム事業本部オリジナルのものに切り替えた。さらに、チェックリストもオリジナルなものを作成・運用し、リスクの最小化に努めた。

その背景には、これまでの金融・証券マーケットと異なり、お客さまも多種多様で、プロジェクトの内容や質も多種多様であり、従来の契約書では対応できない面も多かったことがある。

従来の契約の問題点をあぶりだす

サービス・産業システム事業本部では、まず契約に関連する問題をあぶりだした。問題意識としては、１０９ページ図のような項目が挙がった。

このような問題意識を受け、何よりお客さまとしっかり交渉することを徹底した。その一環としてのオリジナル契約書雛型の作成である。雛型の作成により、契約ごとのばらつきを防止し、リテラシーとしての水準が向上した。

また、「契約書チェックリスト」もオリジナルなものを導入することにより、変更点を容易に特定し、チェック品質がアップした。何より交渉記録を残し、契約更改時のポイントを記録することで、契約の締結に至る経緯・課題を可視化することができたように思う。

そうした一連の対応が、契約に関わるリスクを最小限に抑えることにつながったと思う。

契約のブラッシュアップの責任者を置く

ここでスタッフ部門の重要性ついてあらためて触れておきたい。私はスタッフ部門に、契約手続き面の整備やブラッシュアップの役割を一任したからだ。

スタッフ部門は、傍から見れば戦略性の乏しい組織であり、サービス・産業システム事業本部のスタッフ部門は、いわば〝チーム板野の庶務担当〟のように映ったかもしれない。

■ **契約に関する社員の問題意識**

・新規契約数が多い
・準委任契約が増加し、契約パターンが多様でばらつきがある
・法務担当者によって確認内容が異なる場合がある
・契約書のどこに問題があるか確認が困難であり、チェック漏れのリスクがある
・契約期日が迫っている、交渉済みなどの段階で、問題が発見されるリスクがある
・顧客との交渉経緯が残っていないため、どう受けとめたか、あとからわからない
・次回交渉時のポイントが記録として残らない

雛型の作成

▶ばらつき防止、水準向上
▶チェックリストの導入
▶変更点を容易に特定、チェック品質のアップ
▶交渉経緯を記録に残す
▶次回契約更新時のポイントを記録する

しかし、彼らに「変革の実働」を頼むことにした。

今日、導入企業も増えてきたものに、ビジネススーパーバイザー（ＢＳＶ）という制度がある。文字どおり、ビジネスの指導者、監督者を置くということだ。サービス・産業システム事業本部でもこの制度を導入し、メンバーはスタッフ部門に集約した。部長や課長などの現場の長とは別の立場で業務オペレーションを精査するようにしたのである。

そのことにより、均一で公平、かつ高水準なオペレーションを実施できるようになった。着地見込みは狂わせない、手続きは漏らさない、正しい意思決定を促す、といった面で貢献できるしくみになったと思う。

本部長と現場の〝橋渡し役〟として

ビジネススーパーバイザーには、より社内改革において重要な役割を担ってもらった。大きな組織では、現実問題として、私たち本部長・執行役員の面々と若手の社員が話す機会はそれほどない。もっとコミュニケーションを密にしたい、とは思っているが、なかなかできないのが現実である。

また、前述のとおり、私は自他ともに認めるとおり、号令はかけるが説明不足なところがある。これでは、自分のやっていることの意図が若手に正しく伝わらない。その事態を避けるために機能を強化した部署ということもできる。

サービス・産業システム事業本部のスタッフ部門は私から見て、優秀な人材ばかりだった。もちろん、一つひとつの施策に関しては、意見は異なることもある。真っ向から否定するようなメンバーもいた。それでも優秀な人材である。私の立場からすると、そのメンバーに私が進めている変革を理解・納得してもらえなければ、到底、全社的な変革などできるわけがない――、そう考えていた。

サポートしてくれた現場のマネージャーの1人は、当時の変革の様子について、次のように語っている。

「価値観の共有」の本当の意味

私がＮＲＩに入社して最初に配属された部署はＳＩ事業推進本部で、当時はまだＳＩ

（System Integration）という言葉が一般的ではなかった時代。当社のなかでは産業セグメントの源流の部署で、企業の情報システムの企画や設計、開発・構築、導入から保守・運用などの事業を一貫して請け負うビジネスだ。

ＳＩ事業推進本部はＮＲＩにとって新規セグメントの一部門だから、カルチャーらしいカルチャーもなく、新規プロジェクトを次々に立ち上げ、遂行していた。

本部長は社内変革を次々と進めた。付け焼き刃ではなく、本気だと感じたことが３回くらいあった。

最初は私が新人の頃、システムの設計とは畑違いのシステムコンサルタントとしての業務分析の仕事が回ってきたときのことだ。

そのとき、本部長は「ＥＣコンサルティングは上流から価値を出していかないといけない」という仮説をもっていた。その仮説のもとに独自の方法論を築いていた。その思考のあり方が、社内を変革する際の行動原理になっているのかもしれないと、あとになってから思ったのである。

２回目は、社内の働き方改革の初期の頃、ホワイトボードを全廃したときだ。これに私は真っ向から反対した。

チームでプロジェクトを進める際に、スキームを検討してフレームワークを行い、論点を整理していくのはとても重要なこと。このとき、ホワイトボードは絶対に必要なコミュニケーションツールである。だから、全廃のやり方には、いまでも反対している。

3回目は、夜8時に一斉消灯をはじめたときのことだ。「本気か？」と率直に思ったが、本気だとすぐにわかった。

本部長の「仮説を立てて検証していく」姿勢は理解できても、説明不足な面もある。小賢しく〝風向き〟を読む人は好まないようだ。すると、真っ向からの議論になることもある。そこから生まれるのが価値観というものだと思う。

仕事をしていると、誰でも、最初は仕事を覚えるのに必死で、やがて、それをアレンジできるようにもなる。しかし、それで10年も経てば、アレンジしてもなお行き詰まってしまうことがある。

そのとき誰しも「この仕事はやるべきかどうか」と原点に戻って考える。このとき、初めて仕事への本質的な価値観が問われる。

価値観を共有することが大切だが、私は、価値観は多様であってもいいと思う。しかし、その価値観の奥底に、絶対に譲るべきではない価値観の本質、〝芯〟のようなものがある。そこは社員同士、大事にしたい。そうした価値観の芯の部分が共有できる会社にしたいと思い、その部分で引っ張っていけるマネージャーでありたいと思う。

本部長は、働き方の変革において営業も含めて間接スタッフを重視した。直接生産していない人に対する投資を重視した。

それも、「人を何より重要だと考えた証」だと思う。

自社にとってのリスクを現場から再考する
リスク対処

ここで、そもそも「リスク」というものを、あらためて考えてみたい。

NRIは、業種でいうとサービス業に分類できる。お客さまに物品というよりサービスを提供して対価を得るのが基本の生業である。

その仕事でのリスクは、まさに多種多様だ。お客さまに納品したシステムそのもののリスクもあれば、お客さまがそれを利用したこと、あるいは利用しなかったことによるリスクもあり得る。さらに、お客さまがシステムを利用した結果、その先の消費者が被ってしまうようなリスクもまったくゼロというわけではない。予算の範囲では対応できないリスク、スケジュールに間に合わなくなるリスクなど、実にさまざまなリスクがある。

そのとき、一般的な商取引ではそうしたリスクは法令に準拠して、一定期間は瑕疵担保責任といったかたちで仕事を請けた側が負うものということになっている。少なくとも、お客さまの側ではそういう考え方が一般にはある。

しかし、ＮＲＩでは法令準拠は最重要であることに加え、少し異なる考え方をしている面があるのかもしれない。

仕事の内容や難易度、規模などに応じて、私たちでは回避できないリスクに見舞われることもあり得る。想定し得ないリスクを内包したまま仕事を進めざるを得ないケースもあるのだ。そのような場合は、互いにリスクを取り合って対応するほうが、結局は効率的に良い成果が上がるということもある、そういう考え方だ。

そのときに大切なのは、お客さまとも価値観を共有したうえで仕事を進めること。また、共有する価値観に立脚してコミュニケーションを密にすることである。

リスク対処は価値観の共有と密なコミュニケーションが重要

このことは上司と部下、社内のプロジェクト同士でも同じだと思う。組織のなかでも、何か施策を実施すれば、当然ながら何かしらのリスクがともなう。もし、回避できないリスクに見舞われた場合は、関係者（上司と部下、部署間など）が互いの長所を活かしながらリスクテイクし、そのリスクを乗り越えていったほうが良いのではないか。あるリスクに見舞われたとき、そのすべてを上司や他部署、部下など特定の誰かが負うだけでは得策ではないように思う。

ただし、ここでも大切なのは、価値観を共有していること、コミュニケーションを密にしていることである。

そして、上司、組織の長にとって、そのとき大切なのは「すぐ決めること」であろう。とくに第1章で紹介したＮＣＣのような宮大工の棟梁の集まり的な組織ではなく、ＮＲＩのように大きくなった組織ではなおさらである。

小さな組織、また一人ひとりが特攻隊長のような組織なら、すぐ決めれば、すぐ実行に移せるかもしれない。しかし、大きな組織では良くも悪くもそうはいかない。意思決定の1週間後にようやく実働部隊が動くこともあり、意思決定に1週間かかったら、現場が動きはじめるのはその1か月後ということもある。マネージャーにとっては歯がゆい思いをすることもあるが、それが大きな組織の意思決定の現実だ。

すると、成果が出るまでに1年間と踏んでいたスケジュールは、1か月遅れで動きはじめることによって、11か月しかないことになる。それでは、現場に酷な指示・意思決定となってしまう。

「誰が決めるのか」をすぐ決めるしくみをつくる

こうした非効率をなくす方法は、「誰が決めていいのか」をすぐに決めることしかない。たとえば、部下から相談があったとき、一言「それはお前が決めていいよ」といえるかどうか。これができれば、非効率な面はかなり解消できる。

私も実際に、自分が決めないといけないことはすぐに決め、よほどのことがないと決定をブラすことはしなかった（変更することはあったが、逡巡はしなかった）。一方で、部長や課長、プロジェクトリーダーが決めてかまわないことは、どんどん任せて決めてもらうようにした。権限委譲というと大げさになってしまうが、要は誰が決めるかを「すぐ決める」ことだけで、リスクヘッジされたうえでの効率性はかなりアップするのではないかと思っている。もちろん、部下が判断ミスをしたとしても、自分の責任であることはいうまでもない。

たとえば、それが、残業問題だとしよう。「夜8時以降は仕事をしない」ということは本部長である私がすぐ決める。そのうえで、「どうやったら毎日、仕事を夜8時に切り上げられるか」といった方策は部長や課長、また個々の社員で決めれば良い。その部分まで本部長である私が考えすぎると、きっと細かなことまで私が立ち入らざるを得なくなり、1年経っても、2年経っても深夜まで仕事をする社員がいることになる。

一方で、「夜8時以降は仕事をしないようにしよう」ということは、社員個々で決めることはできても、現場の一社員の意思表明だけで全社的には決めることはできず、実行もできない。すると同じようにいつまで経っても会社として深夜労働はなくならない。

すると、大事なのは「それは私が決める必要があるかどうか」を見極め、決めたら、徹底することだ。その見極めのために欠かせないのが、価値観の共有やコミュニケーションということになる。

そのように、マネジメントは「価値観の共有とコミュニケーションが最適なかたちで循環した意思決定の姿」と捉えることもできる。そして、それが正しく循環できていれば、リスクへの対処も含めて、強い組織へと変革していくことができる。

オフィス空間
ＧＯＡＬは創発的コミュニケーションの活性化

ＮＲＩに社名変更して以降も、サービス・産業システム事業本部のマネジメントを任されて以降も、悩ましいのが〝紙の問題〟だった。単純に考えて、デスク周りにうずたかく積み上げられた書類の山は、見た目に美しくない。それ以上に、その紙の山は業務効率を大幅に低下させかねない。

ＮＲＩの「働き方改革」は、ワークスタイルの変革といい換えることもできる。その狙いは、「アウトプットの品質向上」「人材育成」「業務効率化」にある。すなわち、思考活動の質を高めるためにも、考えるクセをつけるためにも、貴重な時間を有効活用するためにも、ノンペーパー化は避けて通れない手法だったのである。

三つのテーマでノンペーパー化を推進

オフィス空間のノンペーパー化と、後述するファイルメーターは、私がサービス・産業システム事業本部のマネジメントを任される前から、藤沼社長（当時）が取り組んでいたことである。それを私は踏襲した。その方針、取り組みがあったらから、次項で述べるフリーアドレスなども推進しやすかった。

私は、次の三つの重点活動をテーマにおいて、そのなかでノンペーパー化を進めていった。

①整理整頓

社員に対して整理整頓活動の定着を図るとともに、一つひとつのプロジェクト遂行期間中は常駐してもらうことも多いパートナー企業の担当者にも、ワークスタイルの改善を進めていることを伝え、協力を仰いだ。

②オフィスの改善

オフィスにおいては、工場のＦＡ（Factory Automation＝生産工程の自動化）とは趣が異なるが、同様の主旨でＦＡ環境の運用モニタリングを進めるとともに、ワークスタイルの改善につながるオフィス（フロア）の改善を重点活動のテーマとした。

その試みは、後述するオフィスのフリーアドレス化とも連動していった。

③情報共有化

知的資産の承継を促進するため、意思決定の早期化を実現するため、すべての情報を周知徹底し、そのことを〝見える化〟するため、情報の共有化を図った。その手段としてノンペーパー化を推進した、ということになる。

端的に述べると、「自分だけが情報を抱え込んだ状態で仕事をしない」、いわゆる情報を〝ブラックボックス化〟しないということである。

コミュニケーション空間を創造する「尺度」を踏襲

ノンペーパー化の具体的なやり方としては、サービス・産業システム事業本部では「FM（ファイルメーター）」という尺度を設け、その削減を図った。その尺度の発案者は、私がサービス・産業システム事業本部のマネジメントを任されていた当時の社長（藤沼彰久氏）で、私はその手法を真摯に踏襲したということになる。

これは、物理的で、とてもわかりやすい取り組みであった。個々の社員が保有している資料や書籍、書類などの厚さを測り、ＦＭ値として計測し、その長さを削減していったのである。

サービス・産業システム事業本部全体で見ると、２００６年時点では４ＦＭを超える部署（部室）もあった。部署ごとに実態を調査し平均してみると、社員一人あたり2・9FMであった。それを２０１１年には0・91にまで圧縮。単純に計算して社員一人あたり２メートル分の書類の厚さを減らしたことになる。

この試みは同時並行するかたちで、サービス・産業システム事業本部のほかの部門でも行い、全社的な取り組みとなっていった。先行して推進していたこともあり、2011年の数字としては、全社ダントツであった。

ワークスタイルの変革といっても、何も仰々しいことばかりではない。素朴に、「不要だと思う書類は処分しましょう。なんでもコピーをとるという慣習は変えましょう。スキャンしてパソコン内にPDFとして納めれば、厚さを気にする必要もありません」ということも含まれる。要は、それを徹底してできるかどうかだ。と同時に、情報を共有できるしくみをつくっておくことだ。

その点では、現場の長やマネージャーだけががんばってもはじまらない。上司と部下、仲間同士が普段のコミュニケーションを密にして、

「本部長が口酸っぱくいっているのだから、やるしかないよな。一緒にやろうぜ！」

という気持ちになってもらうことが大切だと思う。

フリーアドレス
自由なスタイルを意識変革につなげる

書類の削減、ノンペーパー化、さらに情報の共有化を推進すれば、おのずと社員各自が自分のデスクを特定し、自分のデスクに固執する必要もないのではないか、という考えにもなってくる。そこで、ワークスタイルを変革する一環として、フリーアドレス制を導入した。

自分で自分を抱え込まない、自分で囲い込まない働き方が大事

フリーアドレス制では、社員は出社後、各自のロッカーに保管してある自分のパソコンと、その日必要な資料などを取りだして、思い思いのデスクで仕事をする。

フリーアドレス制は、それに合うオフィス家具・什器など、また、コンセントの再配置

などオフィス環境に関わる大小の設備投資がともなう。だが、やるかやらないか、その意思決定があれば実現できる。あとは、それぞれの社員の〝心のもちよう〟の問題で解決できる施策だ。

その施策による知的生産性の向上の程度を測定することはできないが、導入後のアンケートでは77％の社員が「導入して良かった」と回答した。

単純に考えて、〝自分占有のもの〟を減らせば、そのことにむやみにとらわれることなく、効率良く仕事ができる。行き届いた整理整頓も維持できる。プロジェクトごとにチームを組んで行動するにも好都合だ。

自分だけで仕事を抱え込んであくせくするようなことも少なくなり、自分で自分を囲い込むような閉塞性に満ちた働き方をしなくてもすむ。

そうした効果があるため、ワークスタイルの変革を推進する私としても、積極的に先頭に立って推進した。

いまでは、オフィスの統廃合・新設もあり、この環境もより進化し、より働きやすいオフィスになっている。

ホワイトボードを廃止し、考えるクセをつける

私は、変革の一つのかたち、フリーアドレス化の施策のなかで、ホワイトボードを廃止した。フリーアドレスにすると、あらためて部屋を変えて会議を行うような会議室もそれほど必要がなくなる。そうなれば、会議室などに置いてあるホワイトボードもいらないだろう、という考えである。

だが、このことにはもう一つの意味がある。それは真意といって良いものかもしれない。その真意は、何より考え抜くことを重視していたからだ。「考え抜く」という型をつくるために、安易にわかったようにさせてくれる「ホワイトボード」というスタイルを捨てたといっても良いだろう。より正確にいうと、「ホワイトボードがある会議スペースで、一番若手の社員がボードに書く場合は許可して、そのほかの社員には使わせず、随時撤去する」ということにしたのである。

皆さんも、ホワイトボードのある会議を想像してもらいたい。だいたい会議メンバーのうちで、その会議を仕切っている人か、会議のアジェンダにいちばん詳しい人が、おもむ

ろにマジックを取り、ボードに書きながら説明をはじめる。すると、その説明を聞いているメンバーは、そのボードに書いてあることだけをメモし、記憶に残る。

すると、その記憶をアレンジして清書したものが提案書になり企画書になり、レポートになり、報告書になってしまう……ということがよくあるのだ。そうなると、その場の雰囲気でわかったようなことを記した提案書や企画書、報告書になってしまう。

会社における会議は、その会議に参加するメンバー・組織が知的に強くなることに意義がある。組織が強くならなければ、いつまで経っても、生産性は上がらない。

社外人材・パートナー企業の「選択と集中」
量と質の両面から集約する

サービス・産業システム事業本部として、パートナー企業の重要性は従来にも増して高まっていた。何より市場が従来とは異なるだけに、彼らの知恵・スキルが私たちにとってより重要になったからである。

一方、かつてはプロジェクト単位、さらにＮＲＩの社員のいわゆる属人的な関係によりパートナー企業に人材確保の協力を仰いでいた面も否めない。そこで、そうしたパートナー企業との絆を強化しつつも集約し、その結果、組織としてより仕事の量・質を高めていくことにも取り組んだ。

サービス・産業システム事業本部の場合、一つひとつのプロジェクトの量や質が大がかりなものが多い。そのとき、パートナー企業、またそのパートナー人材に、業務範囲を細分化して依頼していると、効率的とはいいがたい。そこで、パートナー企業の集約を図ったのである。単純にパートナー企業との取引の数を減らせばを良いのではなく、市場やお客さまにとって最適なサービスを提供するための対応である。

その具体的な取り組みのポイントは、次のように、「量」と「質」の両面からの改善に取り組んだ。

量＝業務ごとに戦略的・集中的に取り組む

各プロジェクトのリソースについては、「業務量を絞って質を上げる方法」に取り組んだ。具体的には事業本部内での人材をまず育て、新規のＳＩ（System Integrator＝システム統合）プロジェクトについてパートナー企業の人員の協力を仰ぐようにした。

その施策を重ねることにより、集中的に力を入れていくべきプロジェクトについての業務委託範囲を拡大する。そうすることで、パートナー企業を集約し、力を入れていくべき業務の委託を加速していった。

一言でいうと、「パートナー企業と協業する業務を特定のものに集中させ、より高度で新規の部分に協力してもらえるパートナーに集中的に取り組む」ということだ。

このことにより、パートナー企業とその人材の業務提供力そのものが向上していったように思う。すなわち、サービス・産業システム事業本部の購買力の向上につながっていく。それは、「高く仕入れることができれば、より高度なものが実現できる」という価値の循環が実現したことになる。

ここで初めて量が質に変わり、その質をパートナー企業と互いに高めていくことにつながっていった。

質＝品質管理を重視し、セキュリティ対応機能を高めていく

パートナー企業と協業する業務の質を高めるということは、その業務の品質管理やセキュリティ対応機能を強化していくことになる。パートナー企業の対応力、自社側の対応力を高めれば、おのずと品質面やセキュリティ面で対応力のあるパートナー企業に依頼を集中していくことにつながる。

そうしたパートナー企業に対して、サービス・産業システム事業本部の求めるやり方を共有し、パートナー企業の社員個人というよりむしろ会社として取り組みを依頼できれば、

それが互いの組織にとってのノウハウの蓄積になった。

パートナー企業を集約することで、それぞれのパートナーとのコミュニケーションが密になり、ＮＲＩの思考、思想などについても幅広い理解が深まる。安定的に仕事を発注でき、互いに高度なノウハウを蓄積していくことも可能だ。

このような手法により、２年間で68社から37社に集約することができた。そして、その〝選択と集中〟によって互いの付加価値を高め、事業の基盤をさらに強化することができたのである。

事後対応、トラブル対処
事前の品質管理の徹底・向上が不可欠

ＮＲＩに限らず、他社でも同様だと思うが、およそ受託事業というものは提案書の精度がどれだけ高いかが、結局、障害が発生するかどうかの重要な判断ポイントになる。そこで、私は提案書のレビューというものに重きを置いた。

実際の提案書レビューはこう行う

提案書のレビューでは、「自分たちはお客さまにどのような付加価値を提供できるか」といったことがよく課題となった。

たとえば、多くの企業で、このようなことはないだろうか。ある売値の商品やサービスの提供コストを下げることができたとする。それは、それだけ生産性を上げたということになり、本来なら売値以上の価値を提供できる可能性が生まれる。ところが、どうしても注文を取りたい社員は提供コストが下がった分、もとの売値を下げ同じ粗利を確保できる程度で注文を受けようとするのである。

こうした例は商品だけでなくサービス、私たちのようなシステム開発やコンサルティングでもありがちなことである。そうした意識がもしあれば、まず、その意識から変革すべきと考えたのである。

では、実際のレビューはどのように行っていたか。提案書のレビューでは、何がイシューであり、それをどうやって解決し、どのような付加価値をお客さまにもたらしているかなどについて精査、討議する。

そのとき、私と現場の付加価値に対する考え方が同じ方向でないと、実際にコンサルティングを進めて行くときに、会社とコンサルタントとお客さまの間での価値観が合わず、うまく進まず、目標としていた成果が得られないということも起こり得る。提案書も、そのチェック項目も、つまるところ、その社員の、そのプロジェクトに対する価値観がどのようなものであるかを推し量っているということになるだろう。

これは、違う価値観をもってはいけないということを語っているのではない。少なくとも、サービス・産業システム事業本部としての受託事業は、本部長、部長、課長、そして現場とが価値観を共有できる状態にあることが欠かせない。そうではない仕事は受けるべきではない、とさえ考えていた。

提案書は141項目のポイントでチェックを厳格化する

また、品質の劣化やスケジュールの遅延はお客さまに迷惑をかけてしまう。それをなくすのもお客さまに対する付加価値なので、提案書の重要性を部下と共有するためにも、事業本部独自の提案チェックシートを作成した。チェックする項目は全部で141ある。その一例を136ページの表に挙げておこう。

このようなチェックシートにもとづいて、各社員、プロジェクトリーダーがチェックを行うとともに、事業本部内で設計会議を開き、提案レビューを徹底したのである。当然ながら、漏れや不備があった提案書は、何度でも書き直しを命じた。

この提案レビューは年間200回を超える時期もあった。大まかにいうと、毎日1本はレビュー会議を開いている計算になる。それだけ力を入れて仕事の品質の向上を図ってき

■ 提案のチェック項目（全体141項目の抜粋）

システム概要

- □ システム全体を俯瞰できる概要になっているか
- □ システム化の範囲が明確になっているか
- □ システム要件が明確になっているか
- □ システム要件の未確定事項が整理されているか

⋮

工数規模

- □ 工数規模が整理されているか
- □ 工数規模の算出前提が整理されているか
- □ 工数規模の算出前提で顧客定時分とＮＲＩ想定分が明確になっているか
- □ 生産性指標の採用理由が明確になっているか

⋮

見積り精査

- □ 山積みによる工数規模調整がなされているか
- □ 複数の見積り方法で比較検証されているか
- □ 工数比率の比較検証がされているか
- □ 類似事例との比較検証がされているか

⋮

たとご理解いただきたい。

品質のダブルチェック、トリプルチェックの推進

サービス・産業システム事業本部は当社にとっては新しい事業であり、提案書の精度をあげても、本番稼働後の不具合や改良点の指摘は多かった。それを当社内では「障害数（納入後の障害やトラブルの数）」や「コール数（納品後の当社マシンルームからの問い合わせ数、場合によっては顧客からの問い合わせ数）」といった数で示していた。

２００４年時点での障害数は年間３８０、コール数は月間１４５３。新しい市場であり事業であるからいたし方ない面もあるが、ＮＲＩのどの事業本部よりも多かった。

それを２０１０年までの７年間で障害数を52に減らし、コール数を５０７にまで削減した。いまも、その削減に努め、現在はほぼゼロといえるような状態にまで改善している。

障害数・コール数の削減対策としてやってきたことは、「障害状況の監視の強化」や「原因分析と解決の抜本策の実施促進」および、「エンハンス業務改革（当社でいう「力を入れて業務改革を進める活動」）での対応」といった２本立て、３本立てでのチェック態勢

の強化である。

障害是正会議という会議を実施し、重要障害があった際にはその原因を追究して対策を検討し、今後、他のプロジェクトにおいても発生しないように対策を講じた。また、管理データベースを構築し、障害の一元管理も進めた。さらに、そのデータベース管理をもとにした障害の是正状況管理の強化などを推進してきた。

これらは、自社だけで対応してきたわけではない。パートナー企業に協力を仰ぎつつ障害数の削減活動を行っていったのである。

情報セキュリティレベル最大限の対処をフルスロットルで！

ＮＲＩのセキュリティ対策が万全に機能しているとはいえなかった頃のことだ。当時、ＮＲＩの社長（藤沼彰久氏）が、私にこう呟いたことがあった。

「ウチは個別のプロジェクトで多少の赤字を出しても、つぶれるような会社ではない。しかし、情報漏えいと、それに残業問題は会社の屋台骨を揺るがしかねない、それらの対処への不備は会社をつぶす可能性さえ秘めている」

「会社がつぶれる」「その可能性がある」といったことは、普通なら、表にしてはならない言葉だ。それをあえてここに記したのは、それほどの危機感が当時の社長・役員にはあり、それは当時、私にも共通した認識だった。

おそらくこの認識は、課長クラス、また一般社員も理解できないことではなかっただろう。サービス・産業システム事業本部はそれほどに、情報セキュリティと残業問題への対処は遅れていたというか、後手に回っていたのである。

だからこそ、情報セキュリティへの対処を急ぐ必要があり、残業問題の解決を図っていく必要があった。しかし、本質的な解決を図るには、コミュニケーションのあり方を見直し、地道に人材育成を続けていくしか方法がなかったともいえる。

セキュリティの甘さが大きなリスクにつながる

情報セキュリティの対処に関する技術的な面は、チェック態勢の強化やミス・漏れを防ぐ施策を実施していけばすぐに解決できる。残業問題の解決も、ノー残業デーの実施、深夜労働の禁止などを謳い、いっせいに仕事を離れて帰宅するようにすれば、残業時間数の削減という解決は可能だろう。

しかし、それでは付け焼き刃でもあり、本質的な解決にはならない。本質的というのは、それらの課題に対処したうえで、働くことに充実感を得たり、社員と家族が幸せを感じたり、新入社員に「良い会社に入った」と思ってもらえるようにするということである。口幅ったいが「取り組んできて、本当に良かった」と思えるような解決をめざすべきである。

ところが、仕事の実情としては、サービス・産業システム事業本部では、多いときには億円単位のプロジェクトを50以上も動かしていることもあった。そのため、気を配ってはいても情報セキュリティのレベルは高いとはいいがたかった。

一方、当社では２００８年に内部監査を充実させるよう全社的な指示が出た。その指示をきっかけにしてサービス・産業システム事業本部でも、次のような手法で徹底的にセキュリティレベルの強化を図った。

自主点検とともにパートナー教育を推進

まず、事業本部内の情報セキュリティ対策としては、自主点検ガイドラインを作成し、そのガイドラインに沿ったかたちでＰＤＣＡを回し、そこに本部監査を組み込むような態勢をとった。事業本部独自のネットワーク監査を行ったことはいうまでもない。

また、個人情報保護の気運が高まりつつあった情勢に先行して、個人情報セキュリティルールの定期的な見直しも行ってきた。

また、システムの開発では、場合によってはそのシステムをパートナー企業が自社の専用マシンなどに持ち帰って開発を続けてもらうケースもあった。そこで、そうした持ち帰り開発のガイドラインを作成し、その順守を求めて全パートナー企業を毎年訪問することも行った。

もちろん、パートナー企業の訪問にあたっては、必要な契約の見直しも行った。

さまざまな対策を試みたが、セキュリティ上の不備は、結局のところ本番のデータをお客さまのもとに納めるとき、そのシステムを遠隔操作で動かすときなどに発生しがちだ。そこで、本番データ持ちだしガイドラインを作成・徹底するとともに、本番システムのリモート接続への対応に不備がないかチェックする態勢を徹底した。

最後に、お客さまのもとに納品されて以後、お客さまの管理環境においても本番データの持ちだしが起こり得る。そうしたお客さま側のデータ管理上の不備がないか、正しく行われているかの確認も事業本部の強化策として実施した。

お客さまと当社、さらにパートナー企業も加わって、互いに必要に応じた是正対応を実施するように心がけた。

信頼できる部下に囲まれていると確信した

働き方の変革において私にとって焦点となったのは、実は残業削減対策やフリーアドレスといった施策よりむしろ、セキュリティ対策だったと思う。

対策の中身を検討したとき、直属の部長や課長は当初、

「6か月はかかります」

といっていた。しかし、そう語る部下の意見を却下するように、私は、

「3か月でやる！」

と宣言し、号令をかけたのだ。私も内心「半年くらいは必要だろう」とは思ったが、その気持ちを振り切るように部下と組織を信頼した。その結果、あれだけ緩く甘いといわれていたサービス・産業システム事業本部のセキュリティ対策が、3か月ほどで万全といえるような状態になった。

まさに、部下への信頼をさらに強いものにした。

コラム

NRIセキュア　顧客システム情報セキュリティ調査

セキュリティ対策のPDCAサイクルを回し高評価を得る

NRIグループにNRIセキュア（NRIセキュアテクノロジーズ株式会社）という情報セキュリティ専門企業がある。第三者の立場でグループ各社の情報セキュリティ診断・監査を担当するのはもちろんのこと、他社・他団体などの情報セキュリティの診断・監査なども行っている。

そのNRIセキュアが２００２年以降、毎年実施している「顧客システム情報セキュリティ実態調査」でもサービス・産業システム事業本部は２０１０年頃には高い評価を受けるようになった。

「貴社の属する情報サービス産業は、全業種のなかでも重要インフラ業種（防衛・航空等）についで得点が高く、情報サービス産業上場企業はそのなかでも高い位置にある。成熟度について、どの項目（管理組織態勢、リスクアセスメント、教育、アクセス制御など14項目）もISMS（情報セキュリティマネジメントシステム）標準レベルを超え、全社のなかでは平均得点がいちばん高い。PDCAサイクルを繰り返し、維持改善されている」

具体的な得点は年によって変わるが、ある年は、情報サービス産業上場企業の全体平均を68・3点とすると、NRI全体の平均が80・7点。そのなかで、サービス・産業システム事業本部の平均は88・2点だったことがある。以前、NRIのなかでは低いレベルにあった、ひょっとすると情報セキュリティレベルではNRI全体の足を引っぱりかねないサービス・産業システム事業本部の面目躍如である。

かつては、「仕事は思わぬミスや不具合で、絶対に手戻りさせないように！」といい続け、藤沼社長には「当社はどれだけ赤字になってもつぶれることはないが、セキュリティの問題と労務問題では足もとをすくわれる可能性がないとはいえない」といわしめた状況からの変革だ。働き方の変革の成果として、素直に喜んで良いことだろう。

人材育成・教育
働き方イノベーションで〝強い人材〟をつくる

働き方変革の〝本丸〟といえる人材育成について、まとめておこう。どのような人材育成施策を実行していったのか。端的に述べれば、次のようになる。

マネジメントの最重要課題。三つの可視化でチェックを強化

「事業本部の本部長・部長クラス、また社内外の有識者を集め、3000項目からなる『事業本部スキルチェックシステム』を構築し、三つの可視化＝自分自身の『見える化』、自分自身の『見せる化』、組織スキルの『見える化』を実現し、自分も事業本部も、さらにNRI全体も、次のステージへ駆け上がっていく」と宣言した。

「事業本部スキルチェックシステム」は、企画したのが2007年で、検討を重ねて導入

したのが2009年である。3000項目のスキルについて、上司や先輩のアドバイスを受けたり、ときには評価・考課がどういう基準で行われているのかも参考にしたりしながら、自分なりに達成度合いを踏まえつつスキルの可視化を図っていくスタイルである。

3000項目のスキルを達成するメドは3年。達成すれば、そのことで給料が増えるとか、役職者になるといった性質のものではないが、確実にどこに行っても〝強い人材〟と評価される。育成の成果が確実であることは、いまも自信をもっている。

「事業本部スキルチェックシステム」は、3年経てば、強い人材によって強い組織基盤への変革が行われていることを想定している。その間、サービス・産業システム事業本部としても、部署ごと、階層ごとなどの人材育成のPDCAの定着や強化を図り、サービス・産業システム事業本部独自の人材育成プログラムを実施していった。

事業本部スキルチェックシステムを達成した3年後、その人材は、より若手を強い人材として輩出できるよう、すなわち次の強い人材を育成する役回りを担う。「サービス・産業システム事業本部という組織における〝強い人材〟の循環育成」である。

前述したように、サービス・産業システム事業本部の成長は、NRIにとっては従来の金融・証券マーケットとは異なる新たな主力事業の成長を意味する。そして、それはNR

Iが〝産金交代〟という局面を迎えたときに、盤石な組織基盤を築いておかなければならないということでもある。

そのためのワークスタイルの変革であり、働き方の変革なのである。

人材育成ではフィードバックを明確化する

人材育成、スキルアップの実現度合いを推し量るには、上司、部門長などからのフィードバックが欠かせない。そこで私はキャリアを「SLS（営業）」「BT（ベテラン社員）」「PM（プロジェクト・マネージャー）」「AE（アカウント・エグゼクティブ）」「ITA（ITアーキテクト）」の五つのフィールド（業務領域）に分け、そのフィールドごとに、弱点を分析し、どのようなスキルが不足しているかを示していった。

これはそれぞれの社員が、「このスキルがたりない、アレが不足している」と弱点を指摘するためのものではない。「強い人材がつくる強い組織」になるためには、組織として何が必要か、そのためには個々の社員には、どういうスキルを身につけてほしいか」を明確に示したものである。

そのため、事業本部として、また会社として、「研修」「ＯＪＴ」「自己研鑽」の三つの面から積極的にサポートした。

「研修」では弱みの改善とともに契約・営業、企画・提案などの基礎力の底上げを図り、また、「ＯＪＴ」では新しい挑戦の機会を創出し、スキルはもちろんのこと、経験や視野の拡幅を図ってきた。さらに、「自己研鑽」では、外部資格の取得や事業本部内のキャリア制度の認定に関する支援などを通じて、キャリアゴールの明示や体系的知識の拡充などを行ってきた。

フレームワーク思考
みずから「型」を編みだしてこそ価値がある

ＮＲＩを語るとき、また、一般的に総合研究所のスキルを語るとき、「フレームワーク」ということが巷間よくいわれる。

「あのコンサルティングファームは、この独自のフレームワークに落とし込んでコンサルティングを進めるから、成果の水準は一定して高い」といった表現である。最近、当社に入ってくる新入社員も、そうした傾向があり、研修の場などでも、

「この課題は、どういうフレームワークに落とし込んで考えたら良いのでしょうか」と質問するケースもある。

GISOVはNRIの定番ともいえるが……

「ゴール、イシュー、ソリューション、オペレーション、バリュー」の流れで課題解決を進めていく「ＧＩＳＯＶ」のフレームワーク（１５２ページ）も、そうした考え方の一つではある。

しかし本来、フレームワークというものは、自分で考えて編みだしたものに、当てはめて分析していくツールである。もし、新人研修の場で、新人にどういうフレームワークで考えていったら良いかと聞かれたら、私は、

「それを自分で考えるのが当社の仕事であり、楽しみでもある」

と答えるだろう。

私が新人だった時代に比べて、今日、ＮＲＩには本当に優秀な、頭脳明晰な若い人が増えた。「そんなに賢くなって、どうするの⁉」と思えるくらい優秀な人材ばかりだ。

しかし、その優秀さを活かしきらないまま、頭でっかちになる必要はない。小さな疑問でも、自分で考え抜いて、答えを導きだすような地道な作業を繰り返すことが大切だ。

■ 課題解決のフレームワーク・フローチャート「GISOV」

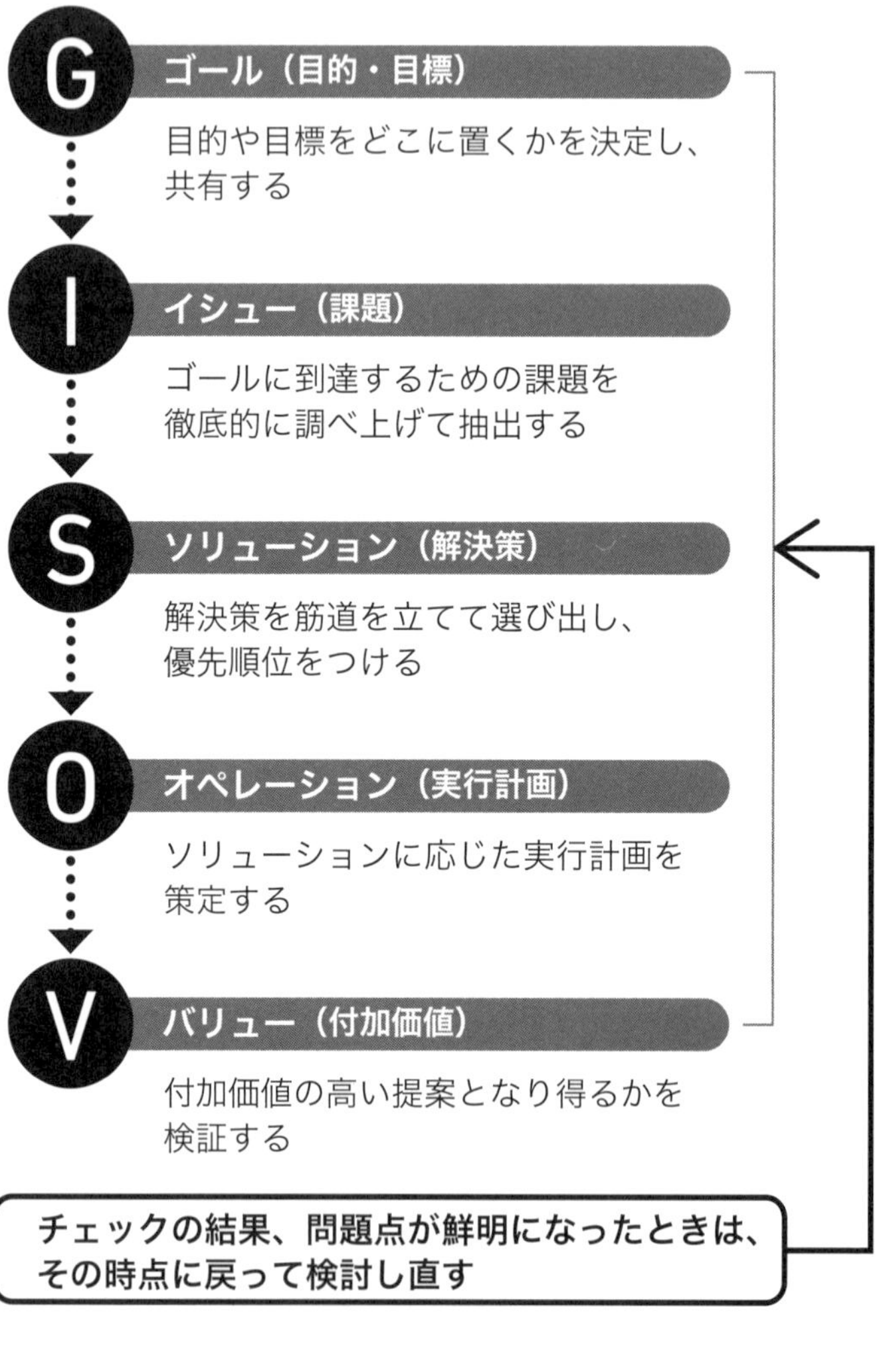
G
ゴール（目的・目標）
目的や目標をどこに置くかを決定し、共有する
I
イシュー（課題）
ゴールに到達するための課題を徹底的に調べ上げて抽出する
S
ソリューション（解決策）
解決策を筋道を立てて選び出し、優先順位をつける
O
オペレーション（実行計画）
ソリューションに応じた実行計画を策定する
V
バリュー（付加価値）
付加価値の高い提案となり得るかを検証する
チェックの結果、問題点が鮮明になったときは、その時点に戻って検討し直す

そのとき、フレームワークは知識としてあったほうが良いが、現実は常にそれが活かせない状況にあることも理解しておくべきだろう。語弊があるかもしれないが、過去のありがたい産物を活かせないほど、現代は変化の激しい時代になっている。

新しい時代の「仮説力と補正力」に磨きをかける

私の時代は、どんなことも「仮説を立て、それを検証し、必要に応じて補正していくこと」で対応できた、いわゆる「仮説力と補正力」を両輪で回せば対応できた時代なのかもしれない（そのためのエンジンであるマンパワーは、前述したように相当強力なものだったが……）。しかし、これからの時代は、また新しいマネジメントのあり方、新しい「仮説力と補正力」が求められてくるだろう。

システム開発の用語に「フルスクラッチ」という言葉がある。パッケージ製品や他のソフトのソースコード、雛型などを使用せず、いわば既存のものをいっさい流用せずに、まったく新規に開発することをいう。

その用語を借りれば、ＮＲＩの考え方・思考のほとんどはフルスクラッチ、さらにゼロスクラッチといっても良いだろう。

たしかに開発の現場では、ＥＲＰ（Enterprise Resource Planning＝企業資源計画）をはじめ、有用な知見を活用する場面もあるが、常にゼロスクラッチで考えることが重要である。そのため、安定した収入源はあるといっても、それは自社内で保有している〝かたちのないスキル〟やお客さまなど、人に依存したものであることも事実だ。

ゼロスクラッチであるからこそ、人が命であり、お客さまが大事であり、関わるすべての人と企業において価値観が共有できることが大事なのである。そのことを肝に銘じ、では、マネジメントをどう変革していけば良いか、と若いマネジメント層には考え続けてもらいたい。

強い人材として、強い組織をつくる。サービス・産業システム事業本部に配属された私たちは、その社命を負っている。その社命にコミットしているからこそ、がんばれる。

「強い人材を集めた強い組織」に

もうすぐ２０２０年を迎える。人材育成面で事業本部スキルチェックシステムを導入してから10年が経とうとしている。

その間、私も強引に無理をいってがんばってきたが、私以上にサービス・産業システム事業本部の社員たちががんばってくれた。けっして、かつてのような一人親方、宮大工の棟梁、船頭がたくさんいる、一人ひとりが強いだけの組織ではない。一人ひとりが強い人材であり、かつ厚い信頼関係と密なコミュニケーションに培われた強い組織なのである。

でき上がった組織は、「強い人材を集めた強い組織」である。

第4章

全社に働き方イノベーションを！そのとき上司と部下は何を学んだか

「働き方イノベーション」からマネージャーが学ぶべきこと

２００５年から２０１１年までの間、私はサービス・産業システム事業本部の副本部長、本部長として、同事業本部と関連部署のさまざまな変革を進めてきた。その一部を第３章で紹介したが、これがすべてというわけではない。

もちろん、私が自分自身ですべて推進したなどというつもりは毛頭なく、社員はときに不平不満を漏らしながらもがんばって着いてきてくれた、経営陣はハラハラしながらも見守ってくれた、パートナー企業にも専門的なアドバイスをいただいた。お客さまに向けて唐突な要望を提案したこともあったと思う。

そのなかで、私自身が学んだこと、再認識したことも多い。「すぐ決める」意思決定の重要さ、それができるようになるためのコミュニケーションの重要さも再認識できた。もちろん、仕事をループさせないことが高い生産性を生むこと、また、マネジメントにおいては現場を信じること、信頼することも重要である。それらが一体となって変革は推進できるのである。

大きな組織をマネジメントするということ

２０１１年の春以降、私は別の部門であるシステムコンサルティング事業本部の本部長となり、執行役員（常務・専務）、さらに取締役（２０１５年からは代表取締役）として本社機構のなかで、いくつかの部署・部門を担当することになった。再編・創設されたサービス・産業システム事業本部の変革は一定の成果を上げることができ、以後は、一本部の本部長の立場から、全社の将来を見通して全社的な変革を進めていくことになった。

「本部長として実施してきたことを、全社レベルでやれば良い」ことも事実だが、当然ながら、「数百人レベルのマネジメントを数千人の組織でやられたら困るよね」という少し理屈っぽい批判がまったくなかったといえば嘘になる。

２０１３年時点の従業員数はＮＲＩ単体で６０００人弱。グループ全体では８０００人レベルになっていた。当の私自身、「数百人レベルのマネジメントと数千人レベルのマネジメントでは質が違う」と感じていた。

その頃には、私は社員に対する信頼感を大事に思いつつも、さらに数千人の社員の潜在能力、〝伸びしろ〟に期待する部分がより大きくなっていた。さんざん文句や愚痴はいうものの、やると決まったら速攻で実現していく。その能力により期待したということだ。

優秀な社員はストレスを知恵に変える

変革のマネジメントにおいて部下を信頼するということで再認識したことがある。優秀な社員はストレスを「知恵」という力に変えるということだ。そのとき、変革を指揮する側として大事なことは、最初の段階の「意識づけ」である。号令をかけるだけなく、それに納得できないという社員がいたら、膝を突き合わせてとことんコミュニケーションをとる。そのことが大切であることも学び、実践した。

いろいろな改革を進めてきた。改革というと大げさでもあり、また、私ひとりでやっていたように思われるかもしれないが、何より社員が「変えなきゃいけない」ということを理解してくれて、協力してくれたからこそできたことである。

社員から反発や抵抗もあった。その声が私に届くこともあるが、届かないこともある。大きな組織のマネジメントでは、そうした声が届いたときにはすぐに話し合いの場をもち、反発・抵抗する社員に対して納得いくまで説明し、こちらが改める必要があれば改めることも必要である。届かない場合も、そういう声があることを想定しつつ施策を進める必要がある。

オーナー社長であれば、「自分の意思決定がすべてに優先する」という対応もあるだろうが、その立場にない人間のマネジメントでは、コミュニケーションが重要であることは永遠の命題だろう。

いずれにせよ、何か施策を打ちだすと、誰かが反対するものである。かつて私と一緒に変革を進めていた部下と食事をしていたときのことだ。

「板野さん、アリラン亭事件って覚えていますか？」

「？」

「オフィスの近くの焼き肉屋で飲んでいたときの出来事ですよ。板野さんが『夜8時以降は仕事をするな』と、みずから先頭に立ってオフィスの電気をいっせいに消しはじめたとき、あとで部長が集まって『これじゃ仕事にならない。板野さんのやり方は強引すぎる！』

と、同席していた副本部長に食ってかかったことがあったんですよ」

「そんなことがあったっけ？　覚えてないなー」

「飲んだ勢いで、皆いいたいことをいってました。『こんな強引な改革、やってられませんよ』『板野さんは、予算を達成しなくても良いと思ってるんじゃないですか。結局、それでイヤな思いをするのは現場ですよ』。皆そうとう苛立っていました」

副本部長と部長たちは、いろいろな意見を交わしたようだ。

そのような出来事があったことは覚えていないが、その後、その話を副本部長から聞いて、対応したことはよく覚えている。私は、

「納得していない社員を集めてほしい。俺が何度でも説明しにいく」

と自分で社員に対して説明に回ったことが何回かある。変革に納得しない社員に対しては、「短期の予算達成よりも、長期的に大事なことがある。自分たちの〝時間を超えた価値〟、単純な数字の多寡より付加価値や効率、生産性をもっと考えるべきだ」など、いろいろな議論を交わした。

そのような対応により、良くも悪くも意見を戦わせるという上下のコミュニケーションは進んだ。それぞれの社員が自分に求められていることを納得したうえで、濃密な労働時

間を進めるようになった。

これは、システムコンサルティング事業本部の本部長として変革を進めていた時代も同様であったが、「そのときの部下はどう感じていたのか」を紹介しておきたい。

価値を追求し続けたシステムコンサルティング事業本部

２０１１年４月、私が在籍していたシステムコンサルティング事業本部に本部長が来て、２０１３年、本部長が本社機構の担当に異動するまで一緒に仕事をした。２年間のうち約１年半は、私もシステムコンサルティング事業本部のスタッフとして、全社的な働き方の変革を進めていった。

従来、システムコンサルティング事業本部のコンサルタントはＮＲＩのなかでも〝個人商店〟色が強く、当時はまだサービス・産業システム事業本部に比べ、労務管理は緩かった面がある。そこに、本部長はサービス・産業システム事業本部と同様に、フリーアドレス・フリースペースを導入し、仕事の進め方、価値の出し方を見直したりなど、さまざまな変革を進めた。

私は本部長に近い立場で変革について詳しく聞いていたこともあり、納得して変革をフォローした。「お客さまの望むことを実現する」という立場・考え方は一緒なので、心理的なギャップもなかった。

ただ、とくにシステムコンサルティング事業本部は、2003年時は約70人だった社員が2011年には160人くらいになっていた。組織が急拡大するなかでの変革は、熱く、強く変革していく姿勢が必要だと感じた。

従来、良くも悪くもコンサルタントは、組織にあっても上司がマネジメントしたり、されたりしないカルチャーがある。そこに、組織としての大きな部門を変革するという〝メス〟を入れた初めての人だから、ちょっとした驚きである。

たとえば、コンサルタントが提示したコンサルティングの額を少し値上げすると、急に売りづらくなる――、現場ではこういうことはよくあることだ。お客さんの懐具合なども勘案しながら、あらためて自分が提案するコンサルティングの中身・数字・金額を見直してみても、「工数がこれくらいだから、結局、金額を上げるのはむずかしい」となるわけだ。

そのとき本部長は「君たちが提供するコンサルティングはその程度の価値のものか？ より価値を高めるべきだ。私の提示する金額以下では認めない！」といった叱責をする。現場としては「そういわれても……」という気持ちは内心あるが、本部長は、そうしたコンサルティングの提案のあり方・価値の提案のしかた、お客さんへの提案のしかたを180度がらりと変えようとした。本部長はシステムの設計などがメインの部署で業務を遂行してきたので、従来のコンサルティングの体質には詳しくなかった。だからこそ、実現できたことといえるのかもしれない。

本部長は、いわゆる知的生産に関して、労働時間を無制限にして価値を生みだすのではなく、時間の制約を設けたうえで価値を高めようとした。資料に囲まれたデスク回りを排除して、そのとき必要な資料だけをピックアップし、それで最大限の価値を生みだそうとした。独りでじっくり追究していくスタイルを壊して、コミュニケーションを高めて価値を生みだそうとした。

……そう考えると、そのときどきの現状をいったんは否定し、真逆の対応から組織をつくっていく本部長の仕事や価値に対する考え方、スタイルがわかってくる。それは組織の変革として捉えると、とても興味深くおもしろい仮説と検証の1年半だった。

私はいま、NRIの海外拠点にいる。現地では、日本が国の方針として進めている働き方改革の話になることもある。ワーク・ライフ・バランスを重視してきた欧米人にとっては、「日本はそこまで国が主導してやらないと変われないのか」と素朴に驚いている。

どの会社も本当は望んでいた働き方の変革

自社内の「働き方」の変革について、必要に応じてパートナー企業やお客さまに説明して回るのは、私の役割でもあった。それは、サービス・産業システム事業本部の時代も、システムコンサルティング事業本部の時代も、本社機構担当になってからも大きな変わりはない。

とくにパートナー企業に対しては、すべての先に出向いて自分たちの進めている変革の内容を説明し、協力を仰いだ。どのパートナー企業も快く受け入れてくれた。

変革の内容のなかで、とくにパートナー企業に賛同を求めないといけないのは残業時間の削減についてだった。ＮＲＩの社員がパートナー企業の社員に仕事を押しつけて、自分たちだけがさっさと退社するわけにはいかない。もちろん、お客さまにも同じような配慮が必要だった。

私は、パートナー企業を回り、

「もし、ウチの社員が貴社の社員に仕事を押しつけて帰ってしまうようなことがあったら、きちんと私に伝えてください」

などと説明した。日頃のお礼も兼ねて、遠方のパートナー企業も回った。

パートナーの立場からすれば、コンサルティングに関する会議・商談も、システムの設計・開発にともなう会議も、たとえば夜8時からなど、通常の営業時間とは少し離れた時間のほうがやりやすい面がある。それでも、パートナー企業に変革の主旨や意義を説明して理解してもらった。

また、お客さまにも変革の主旨を説明して回った。

「急を要する不具合が発生したような場合であれば、徹夜してでも対処します。トラブルが発生すれば、徹夜も覚悟しています。しかし、通常の打合せなどは9時～17時の間で設定し、対応していただきたい」

そのような話をするなかで、ある取引先の社長からは、こんな言葉をいただいた。

「それが本来の働き方・仕事のしかただよね。そのほうが生産性も上がる。ミスも減るし、アイデアも出る。ウチのほうも、現場にはよく伝えておくよ」

気運としては、どの会社も社員の残業時間を削減し、定時内に濃密な仕事をこなし、仕事を離れた時間は社員の自由に使ってもらいたいと思っている。ところが、実態としては、取引関係上、そう簡単に割り切れないという企業もある。誰かが口火を切って実践していかないと、動けない関係もある。

会社によっては、夜の社外での打合せから上司が戻ってくるのを部下がオフィスで待っていなければならないところもあるだろう。

「先に帰っていいよ」といいながら、心のなかでは、「そこは待っているもんだろ！」といいたげな上司がいる会社もあるものだ。

「ムダな残業はやめよう！」というスローガンを掲げる一方で、「徹夜してでも仕上げろ！」といってみたり……。そういう人は、どんな会社にもいるものだ。

当社では、そういう対応はしないと明言してきたが、本当に完璧にそれが実現できていたかと聞かれると断言はしかねる状況もある。

もちろん社員には、社員の事情もある。だからこそ、こと残業時間の削減については、「一人平均月間30時間までとする」などと総論だけで対応していてはダメで、各論、すなわち一人ひとりの社員、とくになかなか残業時間を減らすことができにくい社員と直接コミュニケーションをとり、削減にあたって課題となっていることを消し込んでいく対応が今後も欠かせないと思う。

生産性と付加価値の議論を徹底的に続けていく

第2章で述べたとおり、当社には当社なりの「生産性」の概念がある。基本は一般的にいわれる「人工計算」に沿ったものだが、それを社員には提案書のレビューの場面、通常の労務管理などで徹底し続けた。

その「生産性の高さ」が圧倒的に高いことが、社員と会社の「価値」につながるとも考えている。この生産性と付加価値の議論は、とくにシステムコンサルティング事業本部の時代に社員と議論を戦わせた。

「価値観が合わない」と断った契約

受託事業の場合、たとえば金額や納期などの折り合いがつかず、仕事を受けられないということはあり得る。しかし、基本的な条件について折り合えば、普通は受けるものである。

ところが、明らかにこちら、すなわち私の意思決定で断った契約もあった。

いつだったかは忘れてしまったが、部下がある金額で商談していたコンサルティング契約について、

「これだけ付加価値の高い仕事をしなければならないのだから、当社としても納得できる金額で交渉すべきだ」

と提案書のレビューで叱咤したことがあった。交渉の結果は先方と当社との間の額でまとまりそうになったのだが、そのとき、そのお客さまが3社契約を求めてきたのである。親会社と子会社、そして当社との3社契約である。

特段、3社契約が好ましくないわけではなく、めずらしい形態であるわけでもない。しかし、その親会社と子会社はまったく逆の意向があったのだ。その真逆の意向を踏まえてコンサルティングを実施するとなると、一定の成果が生まれるまで、何年かかるかわからない。一方のプラス評価が、もう一方のマイナス評価になることも起こり得る。そうした事情もあり、結局、まとまりかけていたその契約は、こちらから断りを入れた。

大事なのは、契約にあたってお客さまとの間でも「価値を共有できるかどうか」ということである。親会社が白、子会社が黒といっている間は価値の共有などおぼつかない。明らかに実現しづらい成果のリスクを、すべて当社が負うことにもなる。

大きなことをいわせてもらえば、ＮＲＩの社是である「お客さまとともに栄える」というのは、「共有した価値を互いに高める」ということなのだとも思う。

自分たちの価値を見直し続ける

前述のとおり、とかく現場では、お客さまに安価で受けられることを提案したくて、想定される価格より安く提案したくなるものである。それは、システムの受託でもコンサルティングでも実は変わらない。現場は「この仕事、取れなかったら予算の達成が遠のくかもしれない」と思うものである。

だが、それは結局、自分と自社の生産性を引き下げ、さらに価値を下げることにつながる。だから、システムコンサルティング事業本部の時代はもちろんのこと、サービス・産業システム事業本部の時代も、本社機構担当の時代も、それは絶対に許さなかった。

「この仕事、これくらいの金額で見積っています」

「何か、参考にしたか？」

「以前、他社で受けた同種のコンサルティングの金額です」

「あのときはやってみたら実は大変で、ずいぶん労力がかかったこと忘れたか？　もっと大きな額で提案し、交渉すべき仕事だぞ」

「板野さん、そんなの無理ですよ。それじゃ、仕事が取れません」

「取れなくてもかまわない。私の提示した提案できなければ認めない！」

そんな問答を繰り返すこともよくあった。

提案書はA4用紙で数十枚にはなり、そのレビューは多い年で年間150本以上、200本くらいにはなっていたから、事実上、そんな会話を毎日交わしていたといって良いだろう。

たまには、

「板野さんは、いまのコンサルティングの現場の実情を知らない」

「ウチはB社やM社のような会社じゃないのに」

「お客さんとの共存共栄を図るということはどういうことなんだろうか」

といった不満や疑問が社員から出ることもあっただろう。それが、システムコンサルティング事業本部長の私の耳にも届くこともあった。

それでも絶対に譲るべきではないことは譲らなかった。もちろん、その受け入れられやすい提案が社員の生産性を引き下げ、お客さまのためにもならないし、ひいてはその社員の価値を下げてしまうことになりかねないことを、口を酸っぱくして説明して納得させた。

と同時に、大きな組織のマネジメントでは、「やるべきこと・やってはいけないこと」をブレることなく明快に示すことで現場にコミットしない限りは、現場もお客さまに提案し、納得してもらえないとも思った。

現場の立場からすると、

「ホント、すみません。この金額じゃないと、上に『受けてくるな！』とまでいわれていまして」

などと、上を〝いい訳〟にしないと、なかなか話が進まないこともある。私の立場からいい換えると、社員は「断ってこい」と少しストレスをかけてこそ力強く知恵を働かせ、真剣に交渉するものである。

変革への長期的な視点でのマネジメントが、密なコミュニケーションを生む

変革は、短期間でできるものではない。提案書の見積りを残業についてはゼロベースで算出するだけで、納期まで時間がかかり、単価は上がることになる。そうした提案のしかたが社員に浸透するのにも、数年はかかった。働き方の変革の一つひとつの施策、どれをとっても3年、5年、10年というスパンでやっていくことなのだ。

しかし、その過程では確実にコミュニケーションが密になる。熱のこもった議論も文句のいい合いも、直談判や暴言さえも、そのとき最優先すべきコミュニケーションなのだ。それを甘受し、前向きに受けとめ、解決していくことで、新しい価値が生まれる。その認識は社員に共通してできてきた。

きっと、プロジェクトマネージャー（ＰＭ）、プロジェクトリーダー（ＰＬ）といった課長クラスがいちばんつらい立場にあったはずだ。どの課長も10人ほどの部下をもっていたから、課長が何人も集まって反旗をひるがえせば、〝最大野党〟になることができたかもしれない。若手はどこに出しても遜色のない優秀な人材だけに、課長が部下数人を引き

連れて、自分たちのやりたい仕事で新しく会社をつくることも不可能ではなかったはずだ。そんな課長がＮＲＩという大きな組織には数百人はいるのだから、全員で反旗をひるがえしたら、ＮＲＩそのものが瓦解する。

だが、そのようなことは起こらなかった。きっと、いろいろな場面で文句はいっても、また、お客さまにいわれても、基本のところで、ＮＲＩが社員一人ひとりの価値を高めることを支援する組織であることは理解してくれていたからだろう。その信頼が働き方改革の根底にあり、その理解の底にはしっかりとしたコミュニケーションが社員間でできていたということだろう。

付加価値は
お客さまが決めるものである

付加価値はお客さまが決めるもの。前述したが、このことをあらためて考えてみたい。「自分たちの付加価値を高めよう」と、変革においては常々社員に伝えてきた。そのことは、間違ってはいないと思う。

端的には、お客さまが「いくらでやってほしい」と提示した仕事に対して、自分たちが自信を持って提案できる仕事と全額を示し、双方が納得して受託できるようにできれば、実際に良い仕事ができ、付加価値の高い仕事ができる。

業績の拡大はお客さまが私たちの価値を認めてくれた証

その付加価値は本来はＮＲＩが決めることではなく、お客さまが決めることだ。とくに私たちのようなＢtoＢの仕事の場合は、お客さまが、さらにその先の消費者のことを考えて、「その値段で発注しても良い」と決断したときに、当社にとってはその仕事での売上が決まる。お客さまは提案した金額が単純に高い・安いと考えているのではない。その先にいる消費者に、どれだけのベネフィットを提供できるかどうかを踏まえて金額を判断する。

当社はそうした付加価値の高い仕事をめざしながら、確実に業績を伸ばしてきた。それは、こちらが考える付加価値をお客さまが理解してくれた証左でもある。それは、また私たちが行ってきた働き方の変革と実績をお客さまが認めてくれたということでもある。

私たちはそのことを信じて、提案の内容や質などを高め、実績を上げていく必要がある。そのことの大切さをあらためて感じる。

新しいノウハウ・スキルが求められる仕事は率先して受ける

時代は圧倒的なスピードで刻々と変わっていく。今日の付加価値の高い仕事は、明日にはスイッチ一つで完了する誰でもできる作業になりかねないような勢いもある。そういった覚悟で私は仕事を進め、働き方の変革を行ってきた。そして、社員にも、その認識をもって変革の意図を伝えてきた。自分たちが判断する生産性を高め、お客さまが認める付加価値を高めるために変革を進めていこう、ということだ。

この付加価値に関しては、正直なところ、「半値でも良いから受けるべきだ」といったことがある。とくに時代の変化にともなって、そう考えるべきケースも出てきた。

それは、うんと付加価値が低くても、いい換えると、自社が損をしてでも受けるべき仕事もあるということだ。

「半値以下でも良いから、この仕事は受けるべきだ」

と、もし提案書のレビューの段階で社員に伝えれば、きっと社員は、

「板野さん、何かあったのですか?」

と驚くかもしれない。しかし、実際には何度かそういうことがあった。そのほとんどは、その時点での依頼内容に関して、お客さまが付加価値を感じてもらえるほどのノウハウがなく、実態としてお客さまやパートナー企業などに学ばせてもらうことも多いときである。

かつて、コンサルティングは〝お客さまが答えをもっている〟と考えられるような時代があった。NRIのコンサルタントも他のコンサルティング会社も同じように、お客さま

が「実はもっているけれど、手につかみきれていない『答え』」の発見のしかたやつかみ方をわかりやすくていねいに提示することが重要な時代のことである。

たとえば、お客さまが業務改革をしたいというとき、あるべき改革後の業務の姿は実はお客さまの頭のなかにあり、コンサルティングする側としては、それをいかに安く、速く、無理なく実現できるかの勝負だったということである。

しかし、いまの時代、そんな悠長なこともいっていられない。たとえば、ＡＩなど、その活用によって本当に実現できる姿はお客さまの頭のなかにはなく、もちろんＮＲＩのコンサルタントの頭のなかにも明確にはなく、誰もがまだ見ぬ姿で現れるようなこともあり得る。

その意味において、コンサルティングという仕事のむずかしさは、従来の枠を超えたところにあるようになってきたのかもしれない。そんな仕事が舞い込んできたときは、「お金を払ってでも受けてこい」だ。それほどに価値のある仕事だということもできる。

そうした、誰もが想定し得ない仕事の萌芽をつかみとれる可能性が出てきたのも、社内の働き方の変革による大きな成果の一つかもしれない。

部門の変革を全社に広げるときの留意点

働き方変革のなかでは、全社的に業務時間を削減していくためのルールづくりとして、次のことをあらためて全社的に徹底した。

①社員に正確な業務時間の申告を徹底させる。業務時間を正確に申告していない社員は評価を下げる

②月間の業務時間が基準値を超えることが2か月続いたら業務改善命令を上長（対象者の部長・課長）に対して発令し、3か月目に改善を図ってもらい、4か月目に改善が見られない場合は上長の評価を下げる

③長時間勤務者には医師の面接を必須とし、面接指示を受けた当月内に医師面接を受けなかった場合は部長・課長・本人の評価を下げる

産業医の意見は絶対だ！

これらのルールとともに、産業医に指導を徹底してもらった。たとえば、1か月でも一定の残業時間を超えたら、必ず産業医の面接を受けることを厳命した。面接を受ければメンタル面も踏まえて医療面での対処法が示される。それは本人の健康上のことでもあり、「仕事や売上や予算といったことより、優先・重視しなければならない」と徹底した。

医師から送られてくる改善計画のメール。その内容に従えなかった場合は、担当上司の評価を下げるということも徹底した。強引と受け取られるかもしれないが、残業時間を個別事情に応じて引き下げるということは、そうでもしないかぎり無理だったのである。

そういった強引な対応も、ＮＲＩが進めている働き方の変革について、産業医がしっかりと理解してくれたおかげで実現できたことだ。

また、それは、働き方の変革に関して、社員同士のコミュニケーションがとれていたからできたことである。私の言葉足らずにも受け取れる提案も、一緒に変革を推進してくれるスタッフがその真意を理解し、社員に伝えてくれた。

そうした社内外のコミュニケーションによって、全社的に労務管理を正しく厳格に行い、その下地があってこそ社員は自分の価値を高めることができ、その社員の働きによって、NRIという組織に増収増益をもたらし、その働きが顧客企業の業績に貢献し、さらにそれが消費者にベネフィットをもたらし、大きくいえば社会全体への貢献につながる。そうした循環が大事なのである。

単に残業時間を減らしたり、業績を上げたりすることだけを考えていれば、このような循環は生みだせない。どんな施策でも「なぜ、行うのか」「なんのために行い、それが何に貢献するのか」について、まず自分に問い、コミュニケーションによって社内外の関係者が確認し合う。それがあってこそ変革は意義のあるものになり、メリットが生まれる。

それを実現するのが部門という大きな組織におけるマジネジメントである。産業医の先生にも、単純に残業時間数が減れば良いということではなく、NRI全体としてどのように人材育成を進め、その育成にあたって社員に健常上の負担がかかるような場合の対処法を示す対応を求めていると理解してくれたことにも感謝したい。

いまは残業時間は改善され、働き方の変革を実現した会社と評価されているが、実際にはどのような施策を推進してきたか。当時、私と一緒に全社レベルでの残業時間の削減を推進したスタッフは、次のように語っている。

ＮＲＩの風土・文化がそのとき、変わった

私が板野さんのもとで仕事をしたのは入社して20年以上が経ち、私が人事部門の責任者になってからだ。当時、常務執行役員として、本社機構担当の人事部門を統括していたのが板野さんだった。期間でいうと、２０１２年４月からの約２年間。その間に、板野さんはＮＲＩ全体の人事諸制度をがらりと変えていった。

大きな改定では残業時間の削減がある。何年も前から板野さんは残業時間の削減を推進し、実際にサービス・産業ソリューション事業本部ではかなりの削減が実現できていた。だが、全社的に見ると、まだまだ不十分な部門や部署があったのである。

その状況に対して、板野さんは、

「時間をかけて良いものをつくるというのでは、生産性が低すぎる。そんな付加価値の低い仕事はＮＲＩの社員はやらない！」

と残業体質の残っていた部署の反発を一蹴し、有無をいわさず残業の削減に踏み切った。月平均で一定の残業時間まで削減できなかった場合は、その部署・グループのマネージャー層を降給する徹底ぶりだった。

反発も多かったので、「ちょっとやりすぎではないか」を伝えたことがある。すると、「会社も本気であることを示さないといけない」

といって、一歩も引かなかった。いま、国は働き方改革を進め、また各企業で残業時間の削減は大きな課題になっているが、それに先んじて進めたことは英断だったと思う。

この残業時間の削減については、社内で「労働時間の長い人」に対して、大規模なアンケート調査を実施した。月平均の残業時間数や深夜勤務の有無といった実態とともに、「本当は何時に帰りたいか」「あなたにとってふさわしい残業時間は？」「削減の際にネックになることは？」などの意識面も聞いた。さらに、社員（当時は約5500人）の総論ではなく、〝がんばっているけど、残業削減に向けて対処すべき人〟に個別インタビューも実施していった。総論で号令をかけるだけでなく、個別の事情に対処していく方法は大事である。

総論としては、残業時間が多かった場合の産業医の面談を重視していた。「それを守れない社員の上司は減給だ！」くらいの勢いだ。本当に徹底していたと思う。

率直に、働き方の変革の前と後では、「文化が変わった」と思う。正直なところ、ＮＲＩは時間に対してルーズな面があったのは事実。それを板野さんは、本気で変えた。それは働き方の文化を変えたということだ。文化を変えるときは、いわば革命的に押し進めないとできない。つまり、革命を起こしたんだということもできる。

いま、働き方は「ダイバーシティ化」している。その部分では、女性、外国人など、さまざまな目標値を国も示している。ただ、私は働き方に対して目標値や指針を定めてもあまり意味がないのでは？　という思いもある。性別も国籍も関係なく、「成果を時間に委ねない」という価値観を共有できる人材が集まり、その人材が新しいＮＲＩを創造していく。そこにプライドをもった文化が醸成されていくことが大事なのではないだろうか。

働き方イノベーションが最適なオフィスをもたらす

当社は何度かビルの移転・統廃合を行っている。そのつど、最適なオフィス環境を実現すべく取り組んできたが、なかでも、２０１７年には本社を現在の東京大手町・フィナンシャルシティに移転した。

そのことも含めて、横浜や大阪の拠点等も大幅なリニューアルを行った。それも、働き方の変革の〝目に見える一つのかたち〟である。

実際のオフィス空間がどのようなものかは、ビデオも作成したし、また見学者も迎えいれているので、ここでは数枚の写真によって紹介することにとどめる（１８７ページ参照）。

このオフィス環境においても変革の意図が活かされたものになっている。

■ コミュニケーションを重視したNRI新オフィス

コミュニケーションが充実！　オフィス空間をイノベートする

留意した点は、コミュニケーションと生産性。たとえば、フリーアドレス制でも、従来の長方形の机ではなく、曲線のあるテーブルにすることで、他の社員と目が合い、相談・出会い頭のコミュニケーションをとりやすい設定にしたり、前述したように社員用の会議スペースにはホワイトボードを廃止したり、である。

見学に来られた方には、快適でクリエイティブな感じが漂うオフィスといっていただけるが、実態は、どうやったら働き方を変革できるか、まさに第1章で触れたエルゴノミクスを愚直なまでに追求した姿である。

フリーアドレス制と、それに先行して進めたノンペーパー化も、サービス・産業システム事業本部やシステムコンサルティング事業本部と同様に、全社で進めていった。

結果としてでき上がった今日の姿を見れば〝カッコいい〟と思ってくれる方がいるとは思うが、当初は社内的には猛反対された。それも、私が強引といわれようとも、毎週のように、

「この書類の山を今週中に整理しよう。キャビネットの処分は来週中だ」

と、部長や課長などの現場のマネージャー一人ひとりに指示し、それぞれの部下にも徹底して指示を出していたからだ。個人的に業者に依頼し、ＰＤＦとして保存する、いわゆる〝自炊社員〟も出てきた（もちろん、そうした費用は後日、経費精算してもらった）。

どうしても納得できないと上司に相談する社員もいたようだ。そういう声が私の耳に届いたときも、

「書類より風通し、コミュニケーションのほうが大事だ。ペーパーレスができれば、よけいな会議資料をつくらなくてもよくなる。それがセキュリティの向上にも生産性の向上にもつながる」

などと、力を込めて説得した。

私も譲らなかった。いくつか挙げたエピソードは大きな組織での一断片を切り取ったにすぎないが、いまのオフィス環境はそうした丁々発止のやりとりを経て生まれたと理解いただいても良い。

厳しい組織だが、冷たい組織にはなるな！

繰り返しになるが、働き方の変革は短期間で実現できるものではない。大きな組織ならなおさらで、5年、10年、いや、もっと長い年月をかけて実現していくべきものである。その間、マネジメントの手法も変わっていく。人事異動のある会社なら、それぞれの役職者に応じて、対応も変わってくるものだ。

ただ、私が部長や課長に伝え続けてきたことは、

「付加価値の高い仕事をやって、それによってお客さまに認められ、ともに繁栄していく存在になっていこう。そのために、働き方を見直そう」

ということである。昨今、「働き方改革」が国の政策としても進められているが、それに先んじているとか遅れをとっているといったことは意識せずに、私たちは私たちで、そのとき必要だと思い、意思決定した施策を進めてきたのである。

そのとき私は、「社員には、『厳しい組織』だと思われても『冷たい組織』になってはいけない。そういうマネジメントを行ってはならない」と考え続けてきた。

全社を「失敗を恐れず、何度でも挑戦できる組織」に

短期で成果を上げようと思えば、どうしても〝焦り〟が生まれる。その焦りによって、厳しく、かつ冷たい対応を社員同士がするようになってしまう。いたずらにギスギスした組織になってしまう。コミュニケーションや生産性より、短期的な成果を重視するあまり、長い目で見れば良い仕事ができなくなり、結局、誰も成長できない組織になってしまう。

それは、「この会社と取引していて大丈夫だろうか」とお客さまにも思われることにつながる。そして、お客さまが離れていってしまう。厳しく冷たい組織には、存在する理由がなくなってしまうのだ。

当社を客観的に見れば、本当に厳しい会社だと思う。各人の数字が達成できていなければ叱責が飛ぶこともあり、別室に呼ばれてじっくり解決策を練るようなこともある。

だが、どんな状況においても、〝敗者復活戦〟を認めている会社でもある。「失敗するな」

とは絶対にいわず、「失敗を恐れるな」といい続ける組織である。

上司は、それぞれの部下を育てる責任がある。チャンスはみずからつくりだすもので、そのことには厳しさがともなうものだが、マネジメント層には「そのチャンスをつぶさないこと」を徹底している。これは私が日頃から部長・課長（ＰＭやＰＬも含む）に伝えてきたことだ。

「社員にやさしい会社」などというと、どことなく甘ったるい雰囲気も漂うので、それを標榜するつもりはまったくない。だが、そういう意味では「社員にやさしい会社」であり、「社員を大事にする会社」である。そうあり続けてほしいと願っている。それが、「お客さまとともに栄える」といった社是に、ＤＮＡとして息づいていくことを願っている。

第5章

マネジメントに絶えず磨きをかけていく

マネジメントが一層むずかしい時代に

本書の最終章として、これからの日本企業のマネジメントについて展望したい。マクロ経済環境、産業構造や金融構造、ＩＴ産業と顧客企業の関係それぞれに、日本企業ならではの特性がある。とくに企業文化については、まさに日本特有のものがあり、また企業それぞれに異なる文化がある。

それらを一まとめにして論じるつもりはないが、マネジメントについては、いずれの企業も共通して見いだせる課題があるはずだ。最終章である第5章においては、それらを抽出して論じてみたい。

経営環境に適応し、みずから変化を求める組織に

日本企業のこれからのマネジメントは、従来とは比較にならないくらいむずかしいものとなる可能性がある。その理由・要因は大別して四つある。

第一に、経営環境変化のスピードが著しく加速していることである。業界の垣根がなくなり、ある日突然、考えてもいなかった競争相手が登場するようになっている。産業構造の変化が急激に起こり、この後5年、10年で、ＩＴ業界ならグーグルを歯牙にもかけない新たな企業が異業種から出てくるかもしれない。

第二に、国内市場は少子高齢化の影響で成熟し、かつ慢性的な人手不足という環境下で企業活動を行うようになることである。ＮＲＩはいまでこそ一定の新卒・中途社員を確保できているが、この先もその状態が続くとは限らない。お客さまも人材難であり、当社にとっては、いわばこれまで以上に、人がいないような状況も起こり得る。

第三に、先のような理由のため、これまでにも増して「グローバル・オペレーション」が必須になっていくことがある。当社では巷間、ダイバーシティとか「働き方改革」などが叫ばれるに先んじて海外人材やその人材との交流を進め、自社流の働き方改革を行ってきたが、そのうち、そのような改革が行われているのが当たり前のような時代になってくる。つまり、〝グローバルな組織〟が当たり前の時代になるということだ。

第四に、新興国の台頭のスピードが非常に速いことである。競争相手としても提携相手としても、市場としても、新興国を無視できない状態になっている。アメリカを追いかけ、ヨーロッパに憧れたのは私の時代くらいまでで、いま、海外は追いかけたり憧れたりする存在でも、「新興国はまだ、人件費が安い」などといっている時代でもなくなっている。優劣や遅速を比較しても意味はなく、すべて対等に、ライバルとしてパートナーとしての存在になってくる。まさに、グローバルに最適なエコシステムに則したマネジメントが必要になる。

NRIは、そうした環境変化の中心にいる。みずからを変革し、また環境の激変を正確に提示し、それぞれの企業・組織にとって最適な解を提供していくべき立場にある。

IoTやAIなどの技術革新が徐々にマネジメント文化を変え、すべての企業が徐々に変容していくのではない。劇的に変わるのだ。だから、当たり前のように対応できる企業と、まったく対応できない企業に峻別されるはずだ。

そのとき、NRIはみずから変化を求め、あらゆる技術革新を取り込んで活用し、また直接金融を中心としたファイナンスを活用していくようになっているだろう。常に、他者よりも一歩早く進化できるマネジメントを行っていくことを心がけていきたい。

四つの特性を活かしきる組織

日本企業はアメリカ企業などとは異なり、これまで部長・課長を含めた「現場」が優秀だった。その優秀な現場の力によって改善を進め、成長してきた面がある。ところが、その様相も変わってきた。日本企業では多くの企業で経営陣、トップマネジメントが現場を理解できないままでは、大きなジャッジメントができないようになってきたのである。

トップマネジメントとして現場を理解するには、何より現場との間に信頼を築くことが重要になってくる。これからのマネジメントでは、その信頼にもとづいて、組織にある次の四つの特性を活かし、あたかも一つの生命体のような組織に進化していくことが大切である。

①サステナビリティ

暗黙値であるスキルを形式知化、組織知化、システム化することで、比較的容易に技術の継承を可能とするしくみ（システム）をもっていること

②スケーラビリティ

海外進出、M&Aなどにより、チャンスがあればスケールアウトできる拡張性のあるオペレーション・マネジメントのしくみをもっていること

③アジリティ

環境変化に機敏に対応できるオペレーション、マネジメント・ノウハウとしくみをもっていること

④グローバルエコシステムとの調和

特定の取引先だけでなく、グローバルに顧客をもち、競争力があること。このために、新産業設計における国際標準機関のモジュール設計の動向をモニタし、モジュール間の標準インタフェースに適応し、自社製品の構造を進化させ続けること

この四つの特性を活かすためにマネジメントがあり、その実現のために活用できる技術は総動員することが欠かせない。

マネジメントが変わる。そのときリーダーシップは？

時代に応じてマネジメントは大きく変わる。そのときリーダーシップはどうあるべきか。一言で述べると「俯瞰的で長期的な戦略にもとづく、機敏な意思決定」がより重要になってくる。前章で、「すぐ決めることが大事である」と述べているのは、そのことを示している。

加えて、それができる人材を増やし、また、それができる人材を活かせる環境を整えていくことも重要である。

マネジメントは常に「全体」である

環境変化が穏やかであれば、私が実践し、また本書で述べてきたようなボトムアップ、もしくはミドルダウンといわれる日本的経営は、現場の動機づけにおいて優れた方法であるという大きなメリットが、かつては確かにあった。それが日本企業、またＮＲＩの成功体験にもなり、競争力の源泉ともなった。

しかし、本書を読み通していただけばわかるように、「現場」はあくまで「現場」であり、それは「部分」である。現場視点で考えても、「部分」しか扱えない。それが部分としての現場のマネージャーの限界であり、そこに閉塞感を覚える現場のマネージャーもいるだろう。

マネジメントには、全体を俯瞰して長期的な戦いに勝ち続ける責任がある。だから、マネジメントは、常に「全体」である。その全体に対する責任そのものがリーダーシップということができる。

前項で述べたとおり環境変化が速くなり、また不確実性が拡大してくると、長期的な戦略を俯瞰的な立場から見通しつつ、全体最適で俊敏な意思決定を行い続けることが必要になる。それは「現場」だけではむずかしい。可能なのは、俊敏な意思決定に責任がとれるマネジメントだけである。そのとき、リーダーシップもまた、責任を取れる存在でなければならない。

俯瞰的な立場から企業の形態（境界といっても良いだろう）を進化させることができるのも、マネジメントだけである。それは、私自身のマネジメントのなかでも、日々、痛切に感じてきたことである。

マネジメントの意思決定すなわちリーダーシップでは、たとえ短期的な業績を犠牲にしても、長期的な視点から経営環境の変化に適応するための事業構造の改革、M&Aなどを実行することが不可欠である。

進化するときには、常に〝産みの苦しみ〟がともなう。しかし、その苦しみがマネジメントの意思決定、リーダーシップにおいてはきわめて重要なのである。短期的な好業績を積み重ねることよりも重要なことがある。これこそが、現場や市場には任せることができないリーダーシップ、マネジメントが負うべき意思決定だといえるだろう。

あらためて重要性が問われる「S&OP」のプロセス

欧米やアジアで10年以上前からさかんに導入されている「S&OP」という経営プロセスがある。

S&OPとは、Sales and Operations Planningの略称で、経営層と生産や販売、在庫など現場の業務部門が情報を共有し、意思決定の速度を高めることでサプライチェーン全体を最適化しようという手法のことで、古くて新しい手法である（詳細は経済産業省の『ものづくり白書（2017）』を参照いただきたい）。

機能組織に横串を刺すしくみが欠かせない

S&OPはこれまでの部門損益中心の予算管理の方法よりも機敏に、かつグローバルに、マーケティングやＳＣＭ（supply chain management）の視点から、短期的な業績に左右されず、機能組織横断で経営の意思決定を行い続ける手法である。

ところが日本では、日本の企業文化には適していないということで、これまでは看過されてきた。第２章で、「お客さまの組織別など従来の考え方でマーケティングを考えてしまうことに苦言を呈した話」を伝えたが、それは、いわばこうした日本のやり方を変えていくべきだ、と提案したともいえる。

Ｓ＆ＯＰは、その特性から、ボトムアップでの導入はむずかしい。マネージャーがみずから操縦桿を握り、操縦する経営プロセスだからである。すなわちＳ＆ＯＰを採用し、長期戦略により生産性を向上させ、企業を永続させるのはマネジメントの役割である。

その役割を前に「経営の見える化」が重要だと叫ぶだけではあまり意味がない。見えたあとの「意思決定（各種の計画を組織に横串を指したような機能横断で整合性をもって立案すること）」と「実行（機能組織すべての整合性のとれた一元的な計画提示）」ができるしくみがより重要なのである。こうした経営プロセスは、今日の日本企業にとっても、あらためて重要性が増している。

これからの経営計画で重要な「タイミング」という基準

S&OPの観点に立ったとき、経営計画をどう考え、構築していけば良いか。いい換えると、NRIがこれまで社員に訴え続けてきた「付加価値」をどう捉えれば良いか、さらにそのときの「コスト」をどう捉えれば良いのだろうか。

基本的な私の考えを述べると「〝限界費用ゼロ〟のソフトウェアという経営資源を活用した〝スケールアウトできる事業運営のしくみ〟を確立し、それをもとに経営計画を構築していく」ということが大切である。

「そのタイミングがベストか」という判断力を磨く

これまでの事業評価は、数字（結果）だけを確認するような静的なものであり、かつ短期的でありがちな期間損益計算書（ＰＬ）上の利益概念、つまり「コストの削減」や「付加価値の向上」といった概念で捉えていた。しかし、不確実性の高い経営環境下では、結果指標の枠組みでは十分に表現できず、意思決定の際の正しい目標ＫＰＩ（key performance indicator＝主要な業績評価指標）としては必ずしも十分ではない。

当社でもかつては、各種の投資案件の稟議の際に、「本当にこのプロジェクトで、この収益は実現できるのか」といった会話がなされていた。しかし、今日、その質疑だけで意思決定することは、戦略論としてむずかしい。今日、マネジメントが問うべきは、「投資の意思決定をするのに、いまがベストなタイミングか」である。

「リアルオプション」を最大化できる経営計画を！

経営学に、「リアルオプション」という考え方がある。リアルオプションを最大化する視点から考えてみると、「いまがベストなタイミングか」というのは非常に自然で本質的な問いかけである。だからこそ、この判断が意思決定では重要になっている。

慎重すぎるのも問題だが、拙速もまた問題であり、それはいずれも企業価値を毀損してしまう。「やるなら、いまだ。いましかない！」ということを論理的に伝えて納得し、そのことを共有したものが経営計画である、ということになるだろう。

リアルオプションでは、「不確実性の高い経営環境下では、意思決定の成功確率を向上させるために、意思決定のタイミングを見極めつつ、成功確率を向上させる情報をＰＯＣ（Proof of Concept＝概念実証。新しいプロジェクト全体をつくり上げる前に仮説・コンセプトの実効性を検証すること）などによって徹底的に探索することの価値」は、かなり高いと考えられる。いい換えると「調査や学習の価値は、単純なＮＰＶ（Net Present Value＝正味現在価値。プロジェクトが生みだすキャッシュフローの現在価値の総和）では低く評価されるが、実はこれは計算が間違っていて、本来の価値は高いものである」ということがある。

これは学習オプションというリアルオプションの基本的な考え方の一つだが、これもマネジメントとしては非常に自然で重要な考え方である。これは一言で述べると、「タイミングを意識した経営計画とその実行があってこそ、その計画の本当の価値が最大になる」ということができる。

リアルオプションの考え方を踏まえると、いざ本格的に投資して成功した場合は、できるだけ短期間に大規模にスケールアウトできる事業構造を準備しておくことが重要になる。このことによって投資する側の事業価値が拡大する。

事業環境の不確実性が高まれば高まるほど、この「スケールアウトできる事業のしくみ」の重要性はますます高まるだろう。

間接金融から直接金融に発想を変える

では、「限界費用ゼロのソフトウェア」という経営資源とは、どういうものか。ここで、その経営資源の、事業が拡張することへの貢献が非常に重要な要素となる。限界費用ゼロとは、「どれだけ拡張しても、コストが増えない」ということである。限界費用ゼロのソフトウェアとは、「どれだけ拡張しても、コストが増えないソフトウェア」ということである。

よくＩＴやＩｏＴ、ＡＩの投資効果を単純な期間損益で計算し、人件費が削減できてもＮＰＶで考えると投資効果に見合わないと、投資を躊躇する向きがあると聞く。これは、投資の考え方が間接金融的な発想からくる誤った見方である。

少し金融の話をさせてもらうが、このとき発想を変え、直接金融の発想から企業価値を上げようとすれば良い。そうすれば、期間ＰＬやＢＳが同じだとしても、イザというときにスケールアウトできるソフトウェアを整備した企業とそうでない企業によって、企業価値に雲泥の差がついていることがわかる。要は自前で用意した資金で限界費用ゼロのソフトウェアを活用できれば、市場が評価する企業価値には歴然とした差があるということである。

本当の企業価値を高めるものは何か

実際に最近、海外とくに東南アジアのファンドが日本の中小製造業への出資を検討するケースが多く、その相談をＮＲＩが受けることがある。こうしたケースで良く耳にするのは、次のような言葉だ。

「日本の中小製造業は製造や加工の技術は素晴らしいが、オペレーションが人海戦術で、経営技術も製造技術も属人的。さらにこうした現場を支えているのは65歳以上のシニア。これでは投資適格条件を満たさない」

これは、65歳以上のシニアが技術を支えていることを除けば、まさに30年前の当社である。素晴らしいけれど、属人的。人海戦術で、それこそ怒濤のように仕事をしていた当社である。統計的にはわからないが、かなりの規模でこのようなことが起こっているとしたら、日本の中小製造業の企業価値は大きく毀損されていることになる。

加えて問題なのは、そうした中小製造業の事業承継がむずかしい理由が、職人気質の暗黙知に依存することを美学であるかのように許してきたかもしれないことだ。それは、まさにマネジメントの問題といわざるを得ない。

かつて「日本をめざせ」と号令をかけていた東南アジアでは、製造業でもＥＲＰ（Enterprise Resources Planning＝企業資源計画。企業全体を経営資源の有効活用の観点から統合的に管理し、経営の効率化を図るための手法や概念のこと）を活用することが当たり前のように進んでいる。ＡＰＩＣＳ（工場を運営しサプライチェーンを管理する世界共通言語のこと）標準の業務モデルを学習し、そのまま適用しているため、ＥＲＰのクラウドサービスを活用できていることが、その背景にある。

東南アジアの投資家にとってＥＲＰは標準装備すべきものであり、そうした投資家にとって評価し得る経営計画になっていなければならないのである。

ＩｏＴ・ＡＩ時代のマネジメント
「働き方」の先進性とは何か

リアルオプションを最大化する経営計画を受けて、社員の働き方はどう変わるか。その〝先進性〟をどう捉えたら良いのだろうか。

まず、激変する経営環境下で、経営全体を見渡せる人材をどれだけ育成できるかが、大きなポイントである。指示されたことを忠実・確実に実行できる人材は重要であるが、そのレベルにとどまらず、世界に向けてみずから人脈を構築し、事業を構想し、実現できる人材が求められる。

それが「先進的な働き方」であり、私はＮＲＩ社内に向けて、こうしたメッセージを伝え、日々の働き方を変革してきたつもりである。

必要なのは、ジャンボジェットに乗って自動操縦スイッチを押す人材ではなく、高度に先進的な小型機にみずから乗り込み、嵐のなかを自分で操縦できる人材だ。そうした人材をできるだけ多く育成し、かつ一人ひとりの質を高めることが重要である。

社員には、このような働き方をさせたいし、また、それができる社員に育ってもらいたいと願っている。そのためには、オペレーションの効率を極限まで高度化し、機械にできることは機械に任せれば良いと考えている。

IoT・AI時代に重要となるマネジメントのあり方

先に「オペレーションの効率を極限まで高度化し、機械にできることは機械に任せれば良いと考えている」と述べた。その機械が急速な進歩を遂げている。IoTやAIに代表されるように、うまく活用すればオペレーションのほとんどは機械に任せることができ、その効率はおのずと極限まで高度化していくようにもなった。

ここで重要なのは、現場を大事にする日本のマネジメント文化は、歴史の産物であるということだ。

一部ではあるが、「AIの導入によって人が余ったらどうするのか」といった懸念を表明する企業がある。また、「完全なオートメーションではなく、現場の改善が重要だ。ものづくりは人づくりだ！」と声高に叫ぶ経営者も多い。私は、そのことに共感でき、また理解もできる。いつの時代も経営者にとって人材育成は最重要課題である。

だが、こうした一見、現場の人を大事にする日本企業の〝美学〟ともいえるマネジメント文化も、また、これまでの経営環境に適応してきた歴史の産物であり、未来永劫変わらずに適応できるとは限らないことにも留意しなければならない。これまで勝ってきたからといって、これからも同じ戦い方で勝てる保証はどこにもない。それもまた歴史が証明している事実なのだ。

技術革新のマネジメントの要諦は、前述のとおり、また、慎重に調査・吟味しつつも、どのタイミングかで大胆に導入し、徹底的に習得する〝リアルオプション〟的な意思決定しかない。それは、「全員が同じ正解を出せるようになってから一気呵成に取り組む」（33～35ページ参照）ということに通じる考え方である。

ＩｏＴやＡＩ時代のマネジメントでは、〝余るような人〟をつくってはならない。人材育成も大きな歴史的転換に適応し、それが文化として新たな歴史の産物に育っていくようにしたい。

IoTやAIに対する考え方

IoTやAIなどの情報技術にはマネジメントを変容させていく潜在力があることは、容易に推察できることだと思う。ただし、IoTやAI、またビッグデータといった言葉を並べるだけでは、マネジメントの視点がまったく欠如しており、バランスを欠く議論だと感じる。

いまの日本企業に必要なのは、IoTやAIだけではない。ERP（企業資源計画。具体的には製品別工程別原価算定や新規製品の見積り原価の作成、工程間のロットとレースを含む品質管理技術など）、SCM（最適なスケジューリングと迅速な納期の回答）、前述したS&OP、PLM（Product Life cycle Management＝製品ライフサイクル管理）、MES（Manufacturing Execution System＝製造実行システム）、OT（Operational Technology＝運用技術）、オムニチャネルリテイリング基盤、各種アナリティクス……と（いささか英略語などが多くて恐縮だが）、多様なしくみを猛烈なスピードで活用し、日本企業の優れた現場のノウハウや知見、経営や製造、サービスの技術をソフトウェアに結実させ、事業基盤を拡大し、さらにスケールアウトできるしくみを構築していくことが求められる。

こうした限界費用ゼロのソフトウェアを活かしたマネジメントによって、初めてグローバル市場で戦える企業に進化させていくことができる。

ＮＲＩは業界を横断して、それらのことに積極的に取り組み、また、お客さまにも推奨してきた。だが、まだその過渡期にあることは否めない。企業とそのマネジメントの変革がいまほど必要とされる時代はない。

これからのマネジメントはどう変わっていくべきか

いままで日本企業を取り巻く環境変化から、マネジメントのプロセスやリーダーシップに至るまでいろいろと述べてきたが、これからの日本企業のマネジメント、またＮＲＩのマネジメントはどう変わっていくべきか。最後にそれらを取りまとめてみたいと思う。

これまで日本企業は、優れた現場力を最大限活用することで成功してきた。このことに異議を唱える人は少数派だと思う。かつてのＮＲＩも、まさに現場力を最大限活用してきたからこそ伸びてきた会社である。そして、欧米の企業は、その日本人の勤勉さに舌を巻いていた。

だが、ここに致命的な落とし穴が存在するとしたらどうだろうか。仮に現場力を絶賛するあまり、「現場に任せていれば経営はうまくいくものだ。権限委譲がコツだ」といった意見を持つとすれば、残念ながらそれは誤りである。

大切なのは、経営ノウハウの形式知化、組織知化、システム化

日本企業におけるこうした議論には、経営学でよく引用される「成功の逆襲」というバイアスがあるのではないだろうか。それは、たとえば「うちは匠の技があるから大丈夫」「日本は現場での改善活動を主体にしたモノづくりで強みをもつ。欧米の真似や後追いでは、日本の競争優位は維持できない」といった根拠のない自信を耳にするたびに、過去の成功体験に酔って判断を誤ってしまう、ということだ。

当社の主席研究員である藤野直明も、日刊工業新聞紙上でこの点を指摘し、「冷静に海外動向の調査・分析を行い、経営層のマインドセット（考え方）の変革と中長期の戦略プランを構築していくことが重要だ」と訴えていた。

真のグローバル企業になるためには、思考実験としても、「日本をいったん捨てる」ことが必要だと思う。日本人だけのいわゆる阿吽の呼吸での経営は、いつまで経ってもグローバル展開には活用できない。それどころか、グローバル展開の足かせになっているといわれてもしかたがないであろう。

大切なのは、経営ノウハウの形式知化、組織知化、システム化である。マネジメントにおいては、それらによって円滑なグローバル・オペレーションが初めて確立される。このことは強調してもしすぎることはない。

人間の創造性を最大限に発揮させよう

今日、デジタル技術を総動員することで、人間の創造性を刺激し、創造性を最大限に活用できる時代になってきた。そして創造性を発揮し、新しい状況に適応できる人材を育成していくことが、マネジメントとしてもっとも重要なことではないだろうか。

そのために、日本企業に必要な組織的な対応は次の二つに集約できる。

・機能組織横断型のオペレーションを統括するマネジメント組織をつくる
・各種情報技術への冷静な理解と中長期的な戦略立案を行う組織をつくる

メディアでは、第4次産業革命、ＩｏＴ、ＡＩ、働き方改革、生産性革新、事業承継、熟練技術者のリタイヤ、人手不足、ベンチャー投資、地域振興……などの問題が、それぞれ個別に別々なイシュー（論点）として議論されている。

しかし、これらの解決策はおそらく一つしかない。限界費用ゼロのソフトウェアという経営資源を活用し、事業をスケールアウトできる体質に進化し、人間の創造性を最大限に引きだし、世界のさまざまな問題解決に貢献していけるグローバル企業として市民権を得ることである。

それはすなわち、生産性を高める「創造性に富んだ知恵」というソフトウェアは、無限の可能性を秘めているので、考えに考え抜いて知恵を引きだし続けよう！　ということである。

そして組織のマネジメントとは、さまざまな知恵を持った人材との信頼関係にもとづいて初めて実現できるものだ。これこそ、嶋本会長が社長時代から言い続けてきた「ミューチュアル・リスペクト＝相互尊重」である。そして、その信頼関係があってこそ、組織は変革でき、またマネジメントそのものも変革し得る。「変革の流儀」とは、そのように「組織に築かれた信頼関係にもとづいた変革のマネジメント」ということに尽きるのである。

あとがき

いま国は「働き方改革」を積極的に推進している。その背景には少子高齢化があり、そのなかで労働人口を増加させるには、従来のような画一的な働き方・労働環境のままでは限界がきていることがある。

国はその解決に向けて新しい働き方を提唱し、長時間労働の是正、在宅勤務の推進、副業・兼業の奨励、同一労働同一賃金などを謳っている。さらに、高度プロフェッショナル制度の導入なども検討が進んでいる。

野村総合研究所（ＮＲＩ）が推進してきた改革も、国が推進する働き方改革と軌を一にし、むしろ先鞭をつけた格好で推し進めてきたかに見える。実は国の施策とはあまり関係がなく、ＮＲＩそのものが置かれた経済環境や経営状況、さらに就労環境のなかで、いわば長い期間をかけて地道に推し進めてきた変革である。

では、その「企業と人をめぐる環境」がどうであったかをあらためて振り返り、変革の意図や方法、さらに今後の方向性を私なりにたどってみたのが本書である。そして、それは「マネジメントはどうあるべきか」ということを自分自身に問いかけてみることにもつながった。

もとより、組織の変革はマネージャー独りで一朝一夕に実現できるものではない。本書を読み進めていただいた方ならご理解いただけるように、私の場合も上司や諸先輩方、同僚、後輩、部下など多くの仲間と変革の思いを共有するなかで実現できたことだ。さらに、お客さま、取引先、パートナー企業や産業医の方々にも多大なるご協力・ご支援をいただいた。

本書をまとめるにあたっても、先に挙げた関係者の方々に多大なるご協力をいただいた。また、編集・出版に際しては、東洋経済新報社の井坂康志氏、菱田編集企画事務所の菱田秀則氏にもご協力いただいた。ここに、あらためて感謝申し上げたい。

２０１８年６月

板野　泰之

【著者紹介】
板野泰之（いたの　ひろし）
㈱野村総合研究所取締役
1980年3月、神戸商科大学商経学部卒業。同年4月、野村コンピュータシステム㈱入社（現・㈱野村総合研究所）。金融・公共システム部、産業システム部等を経て、2005年4月執行役員に就任。以降、サービス・産業システム事業本部長、関西支社長、中部支社長、システムコンサルティング事業本部長、コーポレート部門担当を歴任し、2015年4月、代表取締役専務執行役員に就任の後、現職。

変革の流儀
NRI流　信頼によるマネジメント

2018年7月5日発行

著　者——板野泰之
発行者——駒橋憲一
発行所——東洋経済新報社
〒103-8345　東京都中央区日本橋本石町1-2-1
電話＝東洋経済コールセンター　03(5605)7021
https://toyokeizai.net/

装　丁…………菱田編集企画事務所
ＤＴＰ…………菱田編集企画事務所
編集協力………菱田秀則
印刷・製本……藤原印刷
編集担当………井坂康志
Printed in Japan　　ISBN 978-4-492-96146-9